INDEPENDÊNCIAS NA AMÉRICA LATINA

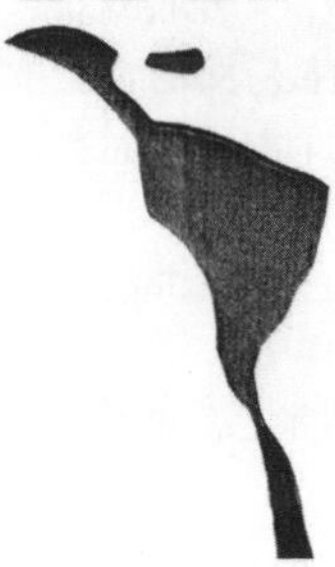

COLEÇÃO HISTÓRIA NA UNIVERSIDADE – TEMAS

CIVILIZAÇÕES PRÉ-COLOMBIANAS • Alexandre Guida Navarro
ESTADOS UNIDOS NO SÉCULO XX • Flávio Limoncic
FASCISMO • João Fábio Bertonha
GUERRA DO PARAGUAI • Vitor Izecksohn
IGREJA MEDIEVAL • Leandro Duarte Rust
IMPERIALISMO • João Fábio Bertonha
INDEPENDÊNCIA DO BRASIL • João Paulo Pimenta
INDEPENDÊNCIAS NA AMÉRICA LATINA • Valdir Santos
JUVENTUDE E CONTRACULTURA • Marcos Napolitano
PRÉ-HISTÓRIA DO BRASIL • Pedro Paulo Funari e Francisco Silva Noelli
PRIMEIRA GUERRA MUNDIAL • Carlos Daróz
REFORMA E CONTRARREFORMA • Rui Luis Rodrigues
RENASCIMENTO • Nicolau Sevcenko
REVOLUÇÃO FRANCESA • Daniel Gomes de Carvalho
ROTA DA SEDA • Otávio Luiz Pinto
SEGUNDA GUERRA MUNDIAL • Francisco Cesar Ferraz
UNIÃO SOVIÉTICA • Daniel Aarão Reis

Valdir Santos

INDEPENDÊNCIAS NA AMÉRICA LATINA

HISTÓRIA NA UNIVERSIDADE – TEMAS

editoracontexto

Foto de capa
Escultura "Mão", de Oscar Niemeyer,
em foto editada (Memorial da América Latina, São Paulo)

Montagem de capa e diagramação
Gustavo S. Vilas Boas

Coordenação de textos
Carla Bassanezi Pinsky

Preparação de textos
Lilian Aquino

Revisão
Ana Paula Luccisano

Dados Internacionais de Catalogação na Publicação (CIP)

Santos, Valdir
Independências na América Latina / Valdir Santos. –
São Paulo : Contexto, 2025.
160 p. : il. (Coleção História na Universidade : Temas)

ISBN 978-65-5541-581-0

1. América Latina – História
2. América Latina – Independência
3. América Latina – Movimentos de libertação
I. Título II. Série

25-4618 CDD 980

Angélica Ilacqua – Bibliotecária – CRB-8/7057

Índice para catálogo sistemático:
1. América Latina – História

2025

EDITORA CONTEXTO
Diretor editorial: *Jaime Pinsky*

Rua Dr. José Elias, 520 – Alto da Lapa
05083-030 – São Paulo – SP
PABX: (11) 3832 5838
contato@editoracontexto.com.br
www.editoracontexto.com.br

Sumário

Introdução

A América Latina é uma estranha para a maior parte dos brasileiros. Acostumados a olhar desde cedo para os Estados Unidos e para a Europa como modelos de civilização e desenvolvimento, muito pouco ou quase nada sabemos sobre o passado e o presente dos nossos vizinhos hispano-americanos. Ao desconhecimento somam-se, muitas vezes, visões estereotipadas e simplistas, alimentadas pelos meios de comunicação – e, atualmente, também pelas redes sociais. Anarquia, golpes militares, ditaduras, pobreza, guerrilhas, narcotráfico... De maneira geral, a América Latina é pintada pelo senso comum como uma região pitoresca, violenta e caricata, instável social e economicamente, governada por líderes autocratas e vítima de regimes políticos confusos. Em suma, tudo o que nós, brasileiros, não deveríamos almejar ser como sociedade e como nação.

Engana-se, entretanto, quem pensa que a proliferação desses estereótipos é recente.

Para compreendê-la, devemos nos voltar ao século XIX. Mais precisamente, às independências das Américas de colonização ibérica e aos processos de formação dos Estados Nacionais nessas regiões. Nesse período, enquanto o Brasil se constituiu como uma monarquia unificada, na antiga América espanhola se estabeleceu mais de uma dezena de repúblicas. Diante desse quadro, o Império do Brasil buscou, em diversos momentos e situações, se apresentar como um "modelo de civilização" nos trópicos, baseado na ordem e na estabilidade, em contraposição aos seus vizinhos hispano-americanos, representados como "anárquicos" e "bárbaros". Apesar das muitas mudanças vivenciadas nos últimos 200 anos, várias dessas caracterizações, mesmo que mostradas sob um novo verniz, continuam a circular entre nós por diversos meios, das análises da imprensa às conversas cotidianas e, em algumas situações, com desdobramentos até nos ambientes acadêmicos.

Desse ponto de vista, as independências se apresentam como o momento inicial e crucial para a formação de discursos em torno das diferenças e das alteridades entre o Brasil e a América hispânica. Entretanto, nem só antagonismos e divergências marcam suas relações, mas também há similaridades, aproximações e intercâmbios. Articular essas tramas a partir do reconhecimento da existência de uma experiência histórica comum vivenciada pelo Brasil e por seus vizinhos hispano-americanos pode ser um bom ponto de partida para modificar visões arraigadas e superar estereótipos e preconceitos. A identificação dessa história compartilhada só é possível, não obstante, quando voltamos nosso olhar para as trajetórias políticas, as formas de organização econômica, as características sociais e os aspectos culturais dos países que nos cercam. Compreender melhor as realidades latino-americanas pode nos revelar, entre outras coisas, muito sobre nossas próprias mazelas e conquistas.

Abraçando o objetivo de aproximar o leitor brasileiro de temáticas e questões latino-americanas, este livro se constitui como uma introdução à história dos processos de independência que se deram nas antigas regiões de colonização espanhola na primeira metade do século XIX. Para entender de modo mais aprofundado esses movimentos, a organização da narrativa pensada para as próximas páginas não trata das emancipações, de maneira específica, em cada um dos países da região. Em outras palavras, não há aqui uma justaposição de relatos construídos sob uma perspectiva de histórias nacionais particulares. Mais interessante é observar as independências como um movimento abrangente que se constituiu como fruto de um período de intensas transformações que reordenaram o Império Espanhol e o Mundo Atlântico entre fins do século XVIII e inícios do século XIX.

Adiantamos que apreender as emancipações da América de colonização espanhola como parte desse quadro mais geral não significa, de modo algum, esquecer as dinâmicas locais. É impossível compreender as condições específicas de cada processo particular sem relacioná-las a contextos e estruturas mais amplos. Se, por um lado, as lutas por independência não podem ser entendidas sem uma percepção sobre as especificidades regionais, sociais e étnicas de cada parcela rebelada do Império Espanhol, por outro, também não podem ser pensadas como processos desvinculados das grandes revoluções de fins do século XVIII e inícios do século XIX – em especial, a Revolução de Independência dos Estados Unidos (1776), a Revolução Francesa (1789-1799) e a Revolução Haitiana (1791-1804). Embora diferentes entre si, esses episódios não deixaram de representar, cada um à sua maneira, respostas à crise do Antigo Regime na Europa e nas Américas, e à constituição de novas formas de organização política, social, econômica e cultural nesses espaços.

Como veremos nas próximas páginas, as lutas por independência que agitaram a América espanhola nas primeiras décadas do século XIX tiveram como estopim a ocupação da península ibérica pelos exércitos de Napoleão Bonaparte e a prisão do monarca Fernando VII em 1808, eventos que provocaram uma crise sem precedentes dos dois lados do Atlântico. Menos de duas décadas após o início desses acontecimentos, por volta de 1825, os territórios americanos que outrora faziam parte do Império Espanhol já se constituíam como repúblicas autônomas. Como explicar essa guinada em um intervalo tão curto de tempo? Como movimentos que se iniciaram contra a ocupação francesa e em defesa do rei ibérico terminaram na fragmentação desses territórios em unidades políticas independentes?

Entre experiências e expectativas, sonhos e desilusões, utopias e desencantos, compreendemos esses episódios históricos como acontecimentos multifacetados, com articulações globais e locais. Eles mobilizaram representantes das mais variadas camadas sociais e étnicas, e produziram uma série de projetos e experimentações políticas na América espanhola da primeira metade do século XIX.

Para concluir esta introdução, é importante afirmar que o Brasil, mesmo que de maneira contraditória e ambígua, faz parte da América Latina.

Embora nosso país tenha encarado seus vizinhos hispano-americanos, muitas vezes, desde o século XIX, sob o signo da desconfiança, produzindo alteridades e antagonismos (monarquia/república, unidade/fragmentação, ordem/anarquia etc.), não se pode desconsiderar que as trajetórias dos territórios de colonização ibérica estão inscritas em uma experiência histórica comum. Mais que realidades simplesmente dicotômicas, Brasil e América hispânica, tão diversos em seu próprio cerne e suas particularidades, se constituíram ao longo do tempo por meio de tramas articuladas, repletas de intercâmbios políticos, econômicos e culturais, que continuam até hoje a se cruzar e a se influenciar mútua e constantemente.

Esperamos que as próximas páginas contribuam para o questionamento de imagens preconcebidas em relação aos nossos vizinhos, para uma maior aproximação entre nós e para uma melhor compreensão sobre as complexidades de nossa formação histórica como brasileiros e – por que não? – como latino-americanos.

As múltiplas faces das independências

AYACUCHO, PERU, 1824

Em dezembro de 1824, no alto da cordilheira dos Andes, após mais de 15 anos de intensas disputas políticas, violentos conflitos militares e muitas indefinições sobre o futuro dos antigos territórios que compunham o outrora poderoso Império Espanhol, uma parcela considerável do continente americano travaria um embate fundamental para a definição de seu destino. Caberia a Antonio José de Sucre, general venezuelano, aliado fiel de Simón Bolívar – chamado de *Libertador*, em razão de sua liderança decisiva nos processos de libertação das porções setentrionais da América do Sul –, o comando das tropas que deveriam se defrontar com os soldados *realistas* liderados por José de la Serna, então vice-rei do Peru.

Desde 1821, quando fora tomada por tropas comandadas pelo general José de San Martín, a cidade de Lima, tradicional capital do vice-reinado peruano, estava ocupada pelos grupos defensores da independência, os chamados *patriotas*. A resistência *realista* tinha se deslocado, desde então, para o altiplano andino, para onde haviam se transferido os principais partidários da manutenção dos laços de união com a península ibérica. Naquele momento, na cordilheira dos Andes, localizava-se o último bastião da autoridade espanhola nas Américas.

De acordo com as principais narrativas sobre a Batalha de Ayacucho, as tropas de Sucre estavam em desvantagem numérica em relação aos comandados por La Serna. Embora, de modo geral, esse episódio militar e tantos outros que ocorreram à época das independências tenham sido relatados, muitas vezes, como o enfrentamento entre espanhóis *peninsulares*, de um lado, e *criollos*, descendentes dos espanhóis nascidos no Novo Mundo, de outro, ambos os exércitos eram muito mais diversificados do que as Histórias mais tradicionais nos fazem crer. Em ambos os batalhões, além de brancos nascidos dos dois lados do Atlântico, havia também mestiços, negros, indígenas, bem como diversas mulheres, exercendo as mais variadas funções. A própria Manuela Sáenz, coronela dos exércitos *libertadores* e, durante muitos anos, companheira de Simón Bolívar, esteve presente em Ayacucho, recebendo de Sucre importante menção por sua atuação militar nesse episódio marcante.

Em 9 de dezembro de 1824, nos *pampas* de La Quinua, na altitude ayacuchana, após um violento combate entre *patriotas* e *realistas*, as tropas comandas por Sucre saíram vencedoras, não sem deixar, no campo de batalha, um rastro de sangue e destruição. Em algumas estimativas, quase mil pessoas, entre aqueles que fizeram parte das tropas libertadoras, sofreram algum tipo de ferimento ou perderam a vida (foram 300 mortos e 619 feridos). Nos batalhões ainda fiéis a Madri, esse número foi bem mais alto, com cerca de 2.500 combatentes abatidos (1.800 mortos e 700 feridos).

O triunfo de Sucre sobre as forças de La Serna, em Ayacucho, no fim de 1824, se consagrou, aos olhos daqueles que o testemunharam e nas narrativas das gerações seguintes, como a consolidação definitiva das independências hispano-americanas. Embora as lutas entre os arautos e os inimigos da libertação dos territórios vinculados ao Império Espanhol no Novo Mundo tenham prosseguido, ainda pelos meses seguintes, na região do Alto Peru (atual Bolívia), esse evento jamais deixou de figurar como um momento decisivo para o rompimento dos laços entre a América e a Espanha. Nas palavras de Simón Bolívar, escrevendo no calor da hora, após a vitória dos exércitos *patriotas*, a Batalha de Ayacucho poderia ser tomada como "o ápice da glória americana".

Para além de sua relação amorosa com Simón Bolívar, a quitenha Manuela Sáenz teve uma importante atuação política e militar nas lutas por independência sul-americanas. (Retrato de Manuela Sáenz, Antonio Salas Avilés, s.d. Museo de Arte Moderno, Cuenca, Equador)

A centralidade desse episódio nas tramas das emancipações políticas na América hispânica não ficou restrita ao primeiro quarto do século XIX. Nas comemorações em torno dos bicentenários das independências dos países latino-americanos, a Batalha de Ayacucho é apresentada frequentemente como o ponto culminante das celebrações. Mais que um evento militar fundamental para a história política da América, Ayacucho se confunde, em alguma medida, nessas narrativas, com a emergência definitiva das novas nações que se formaram sobre os escombros do Império Espanhol, que naquele momento se dissolvia.

Do ponto de vista dos historiadores, a leitura desses processos não é, entretanto, tão simples. Embora acontecimentos, eventos e datas específicas sejam levados em conta nas narrativas sobre o passado, eles não explicam, em si e por si, todo o movimento da história. Assim, é como se as articulações políticas de Bolívar, as manobras militares de Sucre ou as estratégias de La Serna, relacionadas a Ayacucho, fossem apenas as pontas visíveis de um gigantesco *iceberg* que se esconde sob as águas geladas do oceano. Para compreender as independências hispano-americanas de modo mais profundo, é preciso ir além do que se vê na superfície das grandes narrativas, dos episódios memoráveis e dos personagens consagrados da História. A vitória de Sucre sobre os exércitos realistas em Ayacucho, no dia 9 de dezembro de 1824, não nos diz nada por si mesma. Para compreendê-la, é preciso posicioná-la em escalas mais amplas no tempo e no espaço.

PARADIGMAS E INTERPRETAÇÕES

Embora uma visão sobre as independências marcada por uma narrativa centrada em acontecimentos considerados canônicos e por uma exaltação – um "culto", em alguns casos – dos grandes heróis que atuaram na política e na guerra durante esse período seja hoje bastante criticada pelos historiadores acadêmicos, essa forma de conceber esses movimentos foi hegemônica, na América Latina, por muito tempo. Mais precisamente, entre o primeiro quarto do século XIX e meados do século XX em uma perspectiva que poderíamos chamar aqui de *nacionalista*.

Ao longo do século XIX, a narrativa a respeito das independências ocupou um lugar central nos processos de construção das identidades coletivas na América Latina. As emancipações eram entendidas como os eventos que deram origem às diversas nações da região. As lutas e a vitória contra a metrópole espanhola eram vistas como as vias que permitiriam que as nacionalidades do continente se realizassem em sua plenitude, fornecendo uma legitimidade interna e externa às novas entidades políticas que então se formavam. Essa abordagem tinha um caráter fundamentalmente evolucionista, localizando as origens dos eventos em um passado imemorial e seu desenvolvimento em um processo linear de evolução paulatina. Era também frequentemente maniqueísta, pois a justificativa da existência de cada nação estava, em geral, fundada na alteridade no que dizia respeito a outras nações, consideradas rivais ou inimigas, e, principalmente, em relação à Espanha, representada como aquela que, ao longo do tempo, as havia oprimido.

Essa História estava baseada, ademais, na exaltação dos grandes personagens, em geral, os homens que haviam ocupado as principais posições militares e políticas do período, como Simón Bolívar, José de San Martín, Miguel Hidalgo, José María Morelos, Antonio José de Sucre, Francisco de

Paula Santander, Bernardo O'Higgins, entre outros. Embora fossem também, muitas vezes, demonizados por seus inimigos políticos e por aqueles que queriam atacar a sua memória, esses vultos da emancipação foram, em muitas situações, alçados à categoria de sínteses da própria nação, fontes das virtudes republicanas e exemplos para os cidadãos dos novos Estados que iam se formando após as guerras contra a Espanha.

Estátuas representando tais heróis começaram a ser erguidas nas praças das principais cidades. Pinturas históricas passaram a ser encomendadas para serem colocadas nos edifícios governamentais. Livros didáticos, impressos, festas cívicas e celebrações públicas tornaram-se difusores dessas grandes narrativas pátrias. Muitos dos próceres nacionais passaram a dar nome a ruas, avenidas, praças e escolas. Mais que isso, Hidalgo e Morelos são hoje estados mexicanos; Santander, um departamento colombiano; Sucre, a despeito da centralidade de La Paz, ainda é, ao menos oficialmente, a capital constitucional boliviana. E o mais celebrado entre todos os *libertadores* passou a designar um país: a República de Bolívar, posteriormente chamada de Bolívia.

Entretanto, a despeito da força dessa visão heroica dos processos emancipacionistas, já era possível perceber, em meados daquele século, algumas fissuras nas narrativas laudatórias das independências, responsáveis por exaltar os grandes personagens e seu papel imprescindível para a fundação das nações na América hispânica. Nos intensos embates entre conservadores e liberais, que se deram em diversos países do continente no período, o caráter positivo das emancipações começou a ser colocado em xeque. Em meio às múltiplas dificuldades vivenciadas nas primeiras décadas após a formação dos Estados Nacionais na região – disputas pelo poder, guerras civis intermináveis, tensões sociais e étnicas evidentes, crises econômicas contínuas provocadas pela desorganização da produção, do comércio e do erário, complexas movimentações com o objetivo de promover a integração desses países no quadro mais amplo da política e dos mercados internacionais, por exemplo –, muitos passaram a questionar se a independência havia, de fato, valido a pena.

Para os conservadores, a quebra dos laços com a Espanha, por suas guerras e por fomentar as dissensões políticas entre os partidos e estratos sociais e étnicos, havia rompido a coesão, a harmonia e a prosperidade econômica supostamente existentes no passado imperial hispânico. Consideravam também que esses eventos haviam colocado a população contra os elementos corporativos, em especial aqueles vinculados à Igreja e ao Exército, que deveriam responder pela manutenção do equilíbrio e pelo ordenamento da outrora supostamente estável sociedade colonial. Para esse setor das elites políticas e intelectuais dos novos Estados Nacionais, as independências tinham um caráter, em grande medida, negativo, dissolvente e anárquico, que deveria, portanto, ser freado pelos componentes mais tradicionais que ainda sobreviviam nessas coletividades.

Por sua vez, para os liberais, o que ocorrera fora exatamente o oposto. As dificuldades políticas, econômicas e sociais enfrentadas pelos novos Estados no século XIX não eram resultado da violência e do caráter abrupto das *rupturas*, mas das *permanências* do período colonial. Na perspectiva desses atores, a sobrevivência das corporações, não somente clericais e militares, mas também indígenas, era vista como a principal causa dos males que então afligiam a América. Esses resquícios do Antigo Regime deveriam, portanto, ser superados, abrindo espaço para a constituição de sociedades guiadas por valores modernos, ancoradas em direitos e deveres individuais, na razão e no respeito à lei e à propriedade privada. Ao contrário dos conservadores, os liberais entendiam que o problema dos processos de emancipação em relação à Espanha não era a velocidade das suas mudanças, mas o caráter incompleto das transformações decorrentes. Para grande parte dos liberais latino-americanos do século XIX, sua principal missão política deveria ser completar a obra inacabada dos *libertadores*.

Embora tais perspectivas sobre as independências não sejam necessariamente hegemônicas atualmente, é possível percebê-las, mesmo que de modo difuso ou adaptadas ao nosso tempo. Por exemplo, na exaltação de eventos e personagens do passado como justificativa de projetos políticos e visões sobre a nação; na lamentação no que concerne ao suposto fracasso de nossos países latino-americanos, seja mediante a constituição do ideal glorioso de um determinado passado, seja por meio da demanda por uma "descolonização" ainda a ser cumprida. Tais visões continuam presentes, mesmo que reformuladas ou ressignificadas, nos discursos contemporâneos, não apenas no senso comum, mas, em alguma medida, também nos ambientes universitários.

As pesquisas acadêmicas em História de meados do século XX, embora tenham contribuído para a sofisticação das interpretações sobre as independências, não deixaram de cair em certas armadilhas, apresentando também algumas visões problemáticas ou esquemáticas sobre o período. Até às vésperas do milênio atual, por exemplo, apesar de suas diferenças, perspectivas, mais ou menos radicais, nos campos conservadores, liberais ou marxistas, sobre as emancipações políticas das nações latino-americanas pareciam convergir em, ao menos, uma premissa comum acerca das independências, qual seja, a preponderância de fatores externos, em especial, europeus, para explicar as causas do rompimento entre a Espanha e suas colônias.

Ainda hoje, em algumas situações, ouvimos que esses processos se constituíram como o resultado direto de causas tão diversas como as ideias iluministas, a Revolução Francesa ou ainda os interesses comerciais e imperialistas britânicos sobre as Américas. Assim como as narrativas heroicas construídas sobre esses movimentos no século XIX, versões dessas perspectivas continuam vivas.

As independências hispano-americanas, concluídas, conforme as narrativas mais tradicionais, na Batalha de Ayacucho, em 1824, são, na verdade, mais complexas que simplesmente o resultado da obra de grandes indivíduos, como Bolívar ou Sucre, ou unicamente como o produto de fatores externos, como as ideias francesas ou os interesses ingleses. Não se constituem também como processos essencialmente heroicos, responsáveis pela emergência de nações predestinadas a existir desde sempre, ou como movimentos marcados pelo fracasso e pela incompletude. Nas últimas décadas, alguns debates que vêm sendo travados pelos historiadores se mostram bastante relevantes para a compreensão desse momento histórico, contribuindo com visões mais arejadas sobre esses importantes processos do passado hispano-americano.

DO ANTIGO REGIME À REVOLUÇÃO

Entre os diversos debates contemporâneos a respeito das independências hispano-americanas, a avaliação acerca do caráter revolucionário ou não desses movimentos é, sem dúvida, uma das temáticas que mais têm atraído a atenção dos estudiosos.

Em primeiro lugar, é preciso esclarecer o que estamos entendendo aqui quando nos referimos ao conceito de *revolução*. Em sua acepção original, esse termo, derivado do latim *revolutio*, apresentava significados bastante diferentes dos que conhecemos atualmente. Relacionava-se então à descrição dos movimentos dos astros que circunscrevia, no geral, um retorno desses corpos a um lugar já conhecido, uma repetição constante regida, no limite, pelas leis da física e da astronomia.

Embora haja indícios da utilização política do conceito de *revolução* com sentidos mais próximos dos que mobilizamos hoje já no século XVII, pode-se dizer que foi apenas em meados do século XVIII que sua compreensão como um fenômeno social, marcado *pela alteração brusca de uma determinada realidade e pela mudança de uma ordem estabelecida por outra essencialmente distinta*, começou a se tornar hegemônica. O conceito de *revolução* passou, desde então, a demarcar experiências e expectativas essencialmente terrenas, bem como processos de transição, mutação e subversão da ordem estabelecida, muitas vezes de modo violento, nas diversas sociedades humanas.

No caso das independências hispano-americanas, as percepções acerca do caráter revolucionário desses movimentos foram se alterando ao longo do tempo. Se para os atores que participaram daqueles eventos, na primeira metade do século XIX, não havia qualquer dúvida de que estavam vivenciando uma verdadeira revolução, para as gerações seguintes essa convicção foi, muitas vezes, posta em xeque. A permanência de estruturas econômicas e sociais do período colonial no âmbito dos novos Estados Nacionais contribuiu para a reputação das independências como fenômenos meramente políticos e institucionais, caracterizados, pura e simplesmente, por uma troca de guarda nas elites dirigentes da América hispânica: saíam de cena os governantes *peninsulares*, subiam ao palco as elites *criollas*.

Nas últimas décadas, entretanto, essa visão tem começado a se alterar. Mais que fenômenos compreendidos apenas na esfera da formação do Estado e da nação, as independências hispano-americanas têm sido vistas como parte de um conjunto de movimentos insurgentes mais amplos, com impactos, desdobramentos e implicações dos dois lados do Atlântico. Em última instância, como revoluções capazes de ultrapassar os limites dos espaços nacionais. Muitos historiadores têm procurado, inclusive, localizar os conflitos políticos e militares que abalaram a América hispânica na primeira metade do século XIX no âmbito da chamada "Era das Revoluções". De maneira geral, a "Era das Revoluções", compreendida entre as últimas décadas do século XVIII e as primeiras do século XIX, constitui-se em um momento histórico caracterizado pelo transcurso de uma vertiginosa metamorfose, em diversos âmbitos da vida social, política, econômica e cultural, cujas dimensões podem ser definidas como verdadeiramente globais. Esses movimentos teriam sido responsáveis por fomentar um processo de desagregação dos fundamentos do Antigo Regime, não somente nas mais variadas regiões da Europa, mas também, em suas particularidades, no continente americano.

A despeito das polêmicas em torno dos seus múltiplos significados, *Antigo Regime* pode ser definido como uma forma de estruturação social, predominante na Europa entre os séculos XV e XIX, que foi mobilizada e reordenada em suas diversas facetas também na colonização das Américas. Entre suas características principais, podemos apontar para a prevalência de uma lógica corporativa e estamental, ou seja, não centrada nos indivíduos, como nos dias de hoje, mas em corporações (aldeias, universidades, mosteiros, ordens religiosas, irmandades, guildas, burgos, *pueblos* etc.), articuladas e amalgamadas, em muitos casos, em torno de uma monarquia. Além de justificar-se frequentemente pela tradição ou pela vontade divina, esse modo de organização estava fundado sob desigualdades fundamentais e privilégios que se explicavam socialmente por meio de vínculos, ao mesmo tempo, coletivos e hierárquicos. As diversas revoluções que eclodiram no Mundo Atlântico, entre fins do século XVIII e inícios do século XIX, contribuiriam não somente para minar tais estruturas, mas também para que novos paradigmas políticos, sociais e culturais, alicerçados sobre os valores de uma *modernidade política*, pudessem ganhar cada vez mais espaço. Durante esse período, a Europa e as Américas passariam a conviver com processos de desintegração evidente dos vínculos estamentais, a busca de uma racionalização maior no que diz respeito à organização política e às explicações religiosas e uma crescente atribuição de valor ao presente e ao futuro em detrimento da tradição. Simultaneamente, começaria a configurar-se a formação histórica e social de uma nova ordem que se pretendia como "o império dos indivíduos, das leis e da razão", em que os homens não deveriam mais ser concebidos como "súditos", mas como "cidadãos".

Sem dúvida, uma das características desse período de mudanças fundamentais foi a velocidade com que as transformações ocorreram. Em algumas poucas décadas, uma série de estruturas, muitas das quais perduravam por séculos, se dissolveram de modo bastante rápido e intenso. Como veremos neste livro, esse processo não deve ser compreendido, entretanto, como um percurso linear, evolutivo e progressivo, caracterizado por uma transição definitiva entre as sociedades de Antigo Regime e aquelas que começavam a se constituir sobre novas balizas. O que chamamos aqui de *modernidade política* se concretizou, como qualquer processo histórico, em meio a uma série de ambiguidades, contradições e dilemas entre outros fatores, porque nem todos os aspectos que compunham a organização coletiva anterior foram plenamente desestruturados – muitos, inclusive, conseguiram sobreviver e se adaptar à Época Contemporânea. Ainda assim, mesmo considerando a existência de continuidades e articulações entre o Antigo Regime e a modernidade, não há como negar a constituição de novos marcos e referências capazes de transformar irreversivelmente as relações, as práticas e os imaginários nas Américas e na Europa.

A chamada "Era das Revoluções" caracterizou-se por transformações vertiginosas, experimentações políticas e novas utopias em relação ao futuro que começaram a se espalhar, como rastilhos de pólvora, por diversos pontos do globo. Embora distintos, processos históricos como a Independência dos Estados Unidos (1776-1783), a Revolução Francesa (1789-1799) e a Revolução Haitiana (1791-1804) são capazes de apresentar, assim como as independências hispano-americanas, uma infinidade de facetas de um momento histórico em que, nas várias partes do Mundo Atlântico, as fundações do Antigo Regime e as estruturas que pautavam a colonização das Américas entraram em colapso, enquanto novas propostas e experiências de ordem política e social começavam a ser construídas e testadas.

Por muito tempo, os estudos sobre a "Era das Revoluções" negligenciaram a importância e o lugar da América Latina nesse quadro mais amplo, atlântico e global. Na década de 1950, nos tempos da chamada Guerra Fria, prevaleceram, por exemplo, abordagens que destacavam a centralidade dos movimentos revolucionários de caráter "democrático" no Atlântico Norte, com atenção especial para a Independência dos Estados Unidos e a Revolução Francesa, dando pouca ou nenhuma importância não somente para os eventos das regiões localizadas no que hoje chamamos de América Latina, mas também, de modo geral, para toda e qualquer coisa que ocorresse no hemisfério sul. Em outras abordagens, para além das "revoluções francesas" que ocorreram até meados do século XIX (1789, 1830, 1848 e 1871), o que se enfatizava eram as transformações promovidas, nesse período, pela Revolução Industrial, cujas dimensões eram fundamentalmente britânicas. Para aqueles que procuraram seguir essas perspectivas, os movimentos de independência das Américas de colonização ibérica e do Haiti eram considerados, exclusivamente, produtos de fatores e influências externos. Nessas interpretações, as trajetórias latino-americanas e caribenhas seriam apenas rebatimentos, desdobramentos e reflexos de processos políticos e econômicos europeus e norte-americanos.

Mais recentemente, contudo, as revoluções de fins do século XVIII e inícios do século XIX, nos territórios que hoje compreendem América Latina e Caribe, têm recebido, felizmente, cada vez mais atenção dos historiadores a partir de perspectivas que pretendem localizá-las nos quadros mais gerais das grandes transformações do período. Em meio às novas formas de se entender as trajetórias da emancipação vivenciadas pelos territórios que faziam parte do antigo Império Espanhol, muitos estudiosos têm preferido analisar não mais esses acontecimentos no âmbito das esferas estritamente nacionais, ou seja, das narrativas confinadas às fronteiras dos Estados formados nas Américas no século XIX em suas disputas com a metrópole ibérica. Em outro sentido, têm buscado interpretar, de modo articulado, a complexa conjuntura de eventos que envolveram a Espanha e os seus territórios hispano-americanos, nas primeiras décadas do século XIX – o conjunto de movimentos chamados de *Revoluções Hispânicas*. Consideradas em seus vínculos e conexões, essas tramas revolucionárias compreenderiam, de modo interligado, eventos que estavam ocorrendo dos dois lados do Atlântico. De um lado, os conflitos, as rebeliões e os levantes durante a ocupação dos exércitos napoleônicos sobre a península ibérica, entre 1808 e 1814, e os confrontos entre *liberais* e *absolutistas* na Espanha nas décadas de 1810 e 1820. De outro, os processos de emancipação hispano-americana, entre a formação das primeiras juntas governativas no Novo Mundo após a prisão do rei espanhol Fernando VII em 1808 e os meses que se seguiram à Batalha de Ayacucho, com a submissão dos territórios do Alto Peru pelas tropas de Sucre, concluída em meados de 1825.

Para além da dicotomia entre "colônias" e "metrópoles", que pautou por muito tempo as abordagens sobre a temática das emancipações políticas de nosso continente, entender as independências hispano-americanas no quadro mais geral das Revoluções Hispânicas nos ajuda a compreendê-las em outros termos e em outras escalas. Não mais como uma série de narrativas particulares e fragmentadas das diversas nações que se formaram nas Américas após sua luta heroica contra inimigos externos, mas como processos históricos profundamente articulados entre si e em suas relações hierárquicas com a península ibérica.

Em vez de inúmeras histórias peculiares, é possível vislumbrar, por meio dessa mudança de perspectiva, um processo integrado, embora não homogêneo, que teria resultado na desagregação da monarquia intercontinental governada por Madri e na constituição, sobre os seus escombros, de organizações sociais e políticas de novo tipo que começaram a se estabelecer dos dois lados do Atlântico. Desse ponto de vista, as Revoluções Hispânicas teriam contribuído para fomentar um processo de desagregação dos fundamentos do Antigo Regime na Espanha e em suas antigas possessões americanas, bem como para o estabelecimento de uma modernidade política não somente nos novos Estados que se formavam nas Américas, mas também na própria península ibérica.

Embora a caracterização das últimas décadas do século XVIII e das primeiras do século XIX como "Era das Revoluções" ou como "Revoluções Atlânticas" tenha por muito tempo se pautado por um evidente eurocentrismo e por sua preocupação voltada exclusivamente para as regiões do hemisfério norte, consideramos que essas categorias não devem ser descartadas, mas ressignificadas para a melhor compreensão dos movimentos de independência latino-americanos. Isso porque a Revolução Haitiana e as Revoluções Hispânicas se apresentam, assim como a Independência dos Estados Unidos e a Revolução Francesa, como elementos fundamentais para a compreensão da crise e dissolução do Antigo Regime e da construção de uma modernidade política, nas Américas e na Europa. Para integrar as independências latino-americanas ao torvelinho atlântico desse período, é fundamental, no entanto, articular essas tramas globais às questões de ordem local, identificar no quadro mais geral as muitas especificidades de cada processo e compreender a diversidade dos eventos, sem perder de vista o fio que os une.

AS INDEPENDÊNCIAS E SEUS TEMPOS

Se a Batalha de Ayacucho, ocorrida em 9 de dezembro de 1824, se apresenta como o ponto de chegada das narrativas sobre as independências, qual teria sido o ponto de partida?

No caso particular das independências hispano-americanas, muitos o localizam na segunda metade do século XVIII, em especial, nas chamadas Reformas Bourbônicas, promovidas no âmbito do Império Espanhol sob o reinado de Carlos III (1759-1788). Nesse período, um conjunto de medidas econômicas e administrativas com vista à ampliação do controle da Coroa espanhola sobre suas colônias começou a ser imposto aos territórios americanos. Essa guinada provocada pelas ações do governo de Madri teria sido responsável, entre outras coisas, por privilegiar os "espanhóis" *peninsulares* nas principais posições da administração do Império, nos postos mais altos da hierarquia eclesiástica e nos escalões de destaque dos comandos militares, em detrimento dos *criollos* que, durante muitas décadas, haviam conseguido ocupar esses lugares, em geral, por meio dos mecanismos de compra de cargos então permitidos pela Coroa. As restrições à ascensão, nos mais diversos âmbitos, dos colonos nascidos na América começaram a intensificar uma cisão entre estes e os "espanhóis" *peninsulares*, promovendo uma rivalidade inconciliável entre a metrópole e suas colônias, e abrindo espaço para um rompimento futuro entre a Espanha e as Américas.

Essa interpretação, demasiadamente conhecida, tem sido atualmente bastante criticada por muitos historiadores. Primeiramente, por construir uma relação direta de *causa* e *efeito* entre as Reformas Bourbônicas e as independências da América, na qual o primeiro conjunto de eventos determinaria, sem grandes mediações, a ocorrência do segundo. Mais que isso, em algumas variações dessa abordagem criticada, as emancipações dos territórios hispano-americanos pareciam já estar inscritas na história do reformismo bourbônico, como se estivessem destinadas a ocorrer, ao menos, desde a segunda metade do século XVIII. Para aqueles que questionam essa vertente interpretativa, ela é um tanto simplista, dada a complexidade dos processos históricos que estavam ocorrendo no período, não somente no Império Espanhol, mas também em diversos pontos do Mundo Atlântico, nos quadros da "Era das Revoluções". Desse ponto de vista, como as medidas promovidas por Madri teriam, a despeito de certa instabilidade social, resultado em alguma prosperidade econômica, na segunda metade do século XVIII, o rompimento dos laços entre as várias partes da Monarquia espanhola ainda não havia se constituído como um horizonte provável para os colonos do Novo Mundo naquele momento. Embora seja possível afirmar que as reformas de Carlos III tenham contribuído para o fortalecimento de uma identidade *criolla* e para o aumento das clivagens entre os "espanhóis" *peninsulares* e *americanos*, o mesmo não se pode dizer sobre os movimentos em favor da independência, que não teriam adquirido qualquer vigor ou consistência antes do início do século XIX.

Entre os críticos da visão que atribui ao reformismo bourbônico a responsabilidade pelas independências das Américas, alguns procuram localizar seus antecedentes mais adiante, na década de 1790, com o desencadear das guerras atlânticas provocadas pela Revolução Francesa. Nesse período, o domínio dos mares pelos britânicos teria sido responsável senão por inviabilizar, ao menos por dificultar os mecanismos de controle e as comunicações de Madri no que diz respeito aos seus territórios americanos. Essa situação teria promovido uma ampliação do sentimento de identidade local, bem como compelido as diversas regiões do Novo Mundo a se organizar em termos administrativos e militares de forma autônoma.

Outros historiadores alegam, por sua vez, que o marco fundamental para se compreender as emancipações dos territórios hispano-americanos, seria, na verdade, 1808, ano da invasão da península ibérica pelos exércitos de Napoleão e, consequentemente, das chamadas "abdicações de Baiona", quando o rei espanhol Carlos IV e seu filho e herdeiro, Fernando VII, foram obrigados a renunciar ao trono de Madri em favor de José Bonaparte, irmão do imperador da França. Isso teria desencadeado uma série de eventos responsáveis pela produção de uma crise de legitimidade em todos os territórios hispânicos, não somente na península ibérica, mas também no ultramar.

Entretanto, defendemos aqui que as invasões napoleônicas e as abdicações de Baiona, em 1808, assim como Batalha de Ayacucho, em 1824, não são capazes de nos contar a história completa das independências. Mesmo que, nas últimas décadas, tenham deixado de desempenhar um papel determinante nas explicações para a eclosão dos processos revolucionários na América, as Reformas Bourbônicas, implantadas pela Coroa espanhola entre as décadas de 1760 e 1780, se apresentam, sem dúvida, como um aspecto conjuntural importante nesse quadro mais geral. Além de representarem uma guinada nas relações entre *peninsulares* e *criollos*, as medidas impostas pelo rei Carlos III prepararam o terreno e armaram o palco sobre o qual a se desenrolariam os principais acontecimentos da primeira metade do século XIX nas Américas.

Para além dos tempos curtos dos eventos militares e políticos e dos aspectos conjunturais que resultaram nas independências, é preciso considerar, como dissemos anteriormente, que os processos de formação dos Estados Nacionais nas Américas não estão descolados dos quadros mais amplos das grandes transformações, atlânticas e globais, de fins do século XVIII e inícios do século XIX. Nesse sentido, os desdobramentos da ocupação francesa e dos movimentos liberais sobre a península ibérica, tanto quanto as dinâmicas emancipacionistas que começariam a se desenhar paulatinamente no continente americano em meio a esse panorama de crise, não podem ser analisados sem que se leve em conta a existência de um ambiente conflagrado, marcado por revoluções em diversos pontos da Europa e das Américas. Em um quadro global convulsionado por revoluções em locais tão diversos como os Estados Unidos, a França e o Haiti, não é possível imaginar que a península ibérica e os territórios vinculados à sua soberania nas Américas pudessem passar incólumes.

Enfim, entendemos aqui ser fundamental compreender as independências por meio de múltiplos tempos.

Na longa duração, como desdobramento da crise provocada no Mundo Atlântico após a Guerra dos Sete Anos (1756-1763) – conflito com impactos sobre os quatro continentes, protagonizado por franceses e britânicos, que transformou o Novo Mundo, em especial, os territórios da América do Norte e do Caribe, em um importante campo de batalha. Nessa contenda, a Espanha, que se aliara oficialmente aos franceses em 1761, foi um dos alvos preferenciais dos britânicos, responsáveis, entre 1762 e 1763, pela ocupação de dois dos principais entrepostos ultramarinos da Monarquia: Havana, em Cuba, e Manila, nas Filipinas. Embora essas duas localidades tenham sido devolvidas a Madri com o fim da guerra e a assinatura do Tratado de Paris, em 1763, muitos historiadores costumam afirmar que a capitulação do porto antilhano havia sido tão traumática para os espanhóis que teria se constituído como o principal motor para a aceleração dos processos reformistas promovidos pela casa de Bourbon sobre seu Império nos anos que se seguiram. Para além das perdas e dos ganhos territoriais não somente da Espanha, mas também dos diversos países implicados na guerra, esse conflito bélico pode ser apontado como um fator importante para as mudanças que começariam a ocorrer no Mundo Atlântico no último terço do século XVIII, contribuindo de maneira decisiva para a desagregação de diversas estruturas que costumamos associar, em geral, às sociedades de Antigo Regime. A separação das Treze Colônias norte-americanas do Império Britânico, em 1776, não pode ser entendida, por exemplo, sem que se leve em conta a pressão tributária de Londres sobre seus domínios continentais do Novo Mundo após as dispendiosas campanhas militares travadas entre 1756 e 1763. Da mesma forma, entre os inúmeros fatores que provocaram a Revolução Francesa (1789-1799), não se pode excluir a crise fiscal e social que se abateu sobre os súditos da corte de Versalhes, após a derrota em 1763. Esse quadro seria agravado ainda mais pelo auxílio financeiro e militar que a Coroa bourbônica fornecera à rebelião dos colonos britânicos, cujo resultado seria, posteriormente, a formação dos Estados Unidos da América. Em muitos sentidos, não deixa de se apresentar também como um desdobramento desse evento a Revolução Haitiana (1791-1804), maior e mais radical sublevação ocorrida até então no Mundo Atlântico, ao mesmo tempo, prolongamento e avesso da Revolução Francesa. Movimento fundamental da "Era das Revoluções", foi responsável não somente pelo questionamento e supressão naquela ilha caribenha de uma das instituições mais sedimentadas na história das sociedades ocidentais, a escravidão, mas também, de modo inédito, pela ascensão ao poder de muitos dos antigos escravizados que haviam trabalhado nos eitos açucareiros e cafeeiros de São Domingos. Nos países ibéricos, embora os impactos dos conflitos atlânticos não tenham sido, ao menos em um primeiro momento, tão disruptivos quanto nos territórios articulados em torno das cortes de Londres e Versalhes, a crise econômica que se seguiu à Guerra dos Sete Anos contribuiu, em grande medida, para a ampliação e a sistematização de políticas reformistas que já vinham ocorrendo na península e em seus territórios nas Américas desde meados do século XVIII. Para além das Reformas Bourbônicas, de Carlos III, é preciso destacar o processo de reordenamento do Império Português que vinha sendo promovido pelo ministro do rei D. José I (1750-1777), Sebastião José de Carvalho e Melo, o Marquês de Pombal.

No tempo das conjunturas, é preciso considerar a posição do Império Espanhol, principalmente, após 1796, em meio às guerras que se seguiriam à eclosão da Revolução Francesa. Nesse panorama, a Espanha, que se alinhara, consecutivamente, contra a Inglaterra, aos governos do Diretório (1795-1799), do Consulado (1799-1804) e do Império (1804-1808) na França, começou a vivenciar profundas dificuldades em suas conexões e comunicações com suas possessões ultramarinas, em especial, após o bloqueio de Cádiz e de diversos portos hispano-americanos determinado pelos britânicos. Diante desse quadro, grande parte dos mercados do Novo Mundo passou a ser, cada vez mais, ocupada por comerciantes *criollos*, enfraquecendo, de modo evidente, os monopólios comerciais impostos por Madri aos seus territórios ultramarinos que vigoravam até então. Na escalada desses acontecimentos, a derrota, no contexto das Guerras Napoleônicas, da coalizão franco-espanhola na Batalha de Trafalgar, em 1805, representou o agravamento definitivo desse processo, com a perda da maior parte da armada espanhola nos campos de batalha. Esse novo painel começou a fazer cair por terra os intuitos reformistas que haviam animado os governos bourbônicos até então. No âmbito das disputas pelo poder entre as autoridades *peninsulares* e as elites *criollas* que se manifestavam, diante dos impasses provocados pelas escaramuças atlânticas que vinham sendo vivenciadas pela Espanha, era possível vislumbrar, mesmo que de modo ainda bastante fugaz e efêmero, os sintomas de uma crise que seria capaz de colocar a independência como uma possibilidade para os territórios coloniais das Américas.

No tempo ainda mais curto dos acontecimentos, não há como não dar importância aos eventos políticos que se seguiram a 1808, ano da invasão napoleônica à península ibérica. Em meio a um quadro de "acefalia", em que a Monarquia hispânica, seus súditos e suas fronteiras dos dois lados do Atlântico se viam sem o seu monarca legítimo, as diversas partes do Império Espanhol começaram a desenvolver mecanismos de autogoverno, inicialmente como forma de resistir à invasão francesa e esperar pela libertação de Fernando VII, então cativo. No entanto, diante do agravamento das tensões que foram se apresentando no decorrer desse processo, o rompimento entre a Espanha e suas possessões americanas foi se colocando, cada vez mais, como uma possibilidade, dados os múltiplos interesses existentes nas várias partes do Império. Nessa perspectiva, as independências não estavam inscritas ou anunciadas no início do seu processo, mas foram se colocando como uma entre muitas alternativas diante dos impasses que surgiam no curso dos complexos acontecimentos políticos e militares do período.

A Batalha de Ayacucho se apresenta, portanto, como a culminação de uma trajetória múltipla e complexa que se vincula aos desdobramentos da Guerra dos Sete Anos a partir de 1763, dos conflitos desencadeados no Atlântico pela Revolução Francesa na década de 1790 e das invasões napoleônicas à península ibérica em 1808. É importante destacar, nos âmbitos do Império Espanhol, a relevância das Reformas Bourbônicas, se não como um antecedente determinante das independências, ao menos como um conjunto de medidas que concederam uma certa feição para a América espanhola na segunda metade do século XVIII, ativaram identidades coletivas e rivalidades entre *criollos* e *peninsulares*, e promoveram uma série de insatisfações entre os mais variados setores sociais e étnicos nos territórios americanos vinculados ao Império Espanhol.

Como veremos no capítulo seguinte, essas transformações desencadeadas no continente americano pelo reformismo bourbônico buscaram reordenar mecanismos vinculados à administração colonial, à extração e à produção econômica e incrementar a arrecadação fiscal. Ao mesmo tempo, suscitaram uma série de revoltas movidas pela contrariedade em relação a essas medidas, não somente por parte dos *criollos*, mas também de mestiços, negros e indígenas.

Na segunda metade do século XVIII, no altiplano andino, mesma região onde seriam disputados, décadas depois, os últimos lances das independências após a vitória dos *patriotas*, comandados por Sucre, em Ayacucho, algumas das mais importantes e radicais sublevações protagonizadas pelas populações originárias das Américas tiveram palco. Nessas revoltas e rebeliões, ocorridas nas partes mais altas da cordilheira dos Andes, um Antigo Regime em crise começava a apresentar algumas fissuras evidentes em suas estruturas aparentemente tão sólidas.

Reformas e rebeliões no Império Espanhol

SAN JUAN DE POCOATA, ALTO PERU, 1780

Em fins de agosto de 1780, tudo parecia correr como de costume em San Juan de Pocoata, um pequeno povoado localizado ao norte e ao noroeste dos principais centros econômicos e políticos do Alto Peru (atual Bolívia). Situado na província de Chayanta, esse *pueblo* não estava muito distante, por exemplo, de Potosí, terra das monumentais minas de prata que haviam sustentado o período de maior glória do Império Espanhol, entre meados dos séculos XVI e XVII; nem tampouco de Chuquisaca (atual Sucre), sede do principal tribunal colonial da região, a Audiência de Charcas. Nessa época do ano, era bastante comum que as diversas comunidades indígenas da área fossem reunidas em Pocoata pela Coroa com o objetivo de ordenar a arrecadação dos tributos, bem como de arregimentar mão de obra sazonal para a *mita*, forma de trabalho compulsório sobre a qual se baseava a extração mineira na região andina.

Mapa 1 – Peru e Alto Peru

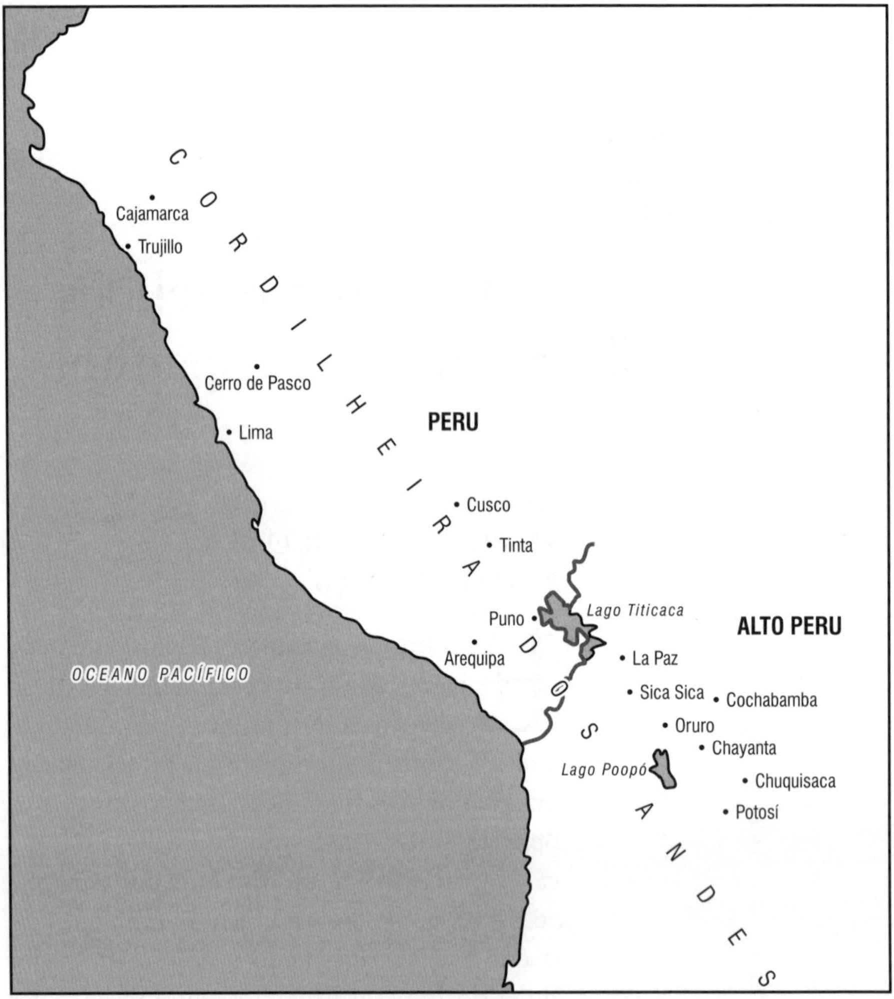

Esse e tantos outros *pueblos* da América espanhola, chamada, muitas vezes, pelos europeus de *Índias Ocidentais* ou apenas *Índias*, haviam sido formados, ainda no século XVI, em grande parte dos territórios conquistados por Castela. Esses povoados se estabeleceram, de modo geral, como desdobramentos dos projetos da Coroa castelhana que pretendiam promover uma separação física e cultural no Novo Mundo entre as populações originárias e os colonos europeus que começavam a atravessar o Atlântico. Nesse sentido, as autoridades *peninsulares* passaram a entender que a colônia deveria se dividir em duas *repúblicas*: uma "república dos espanhóis"

e uma "república dos índios". Com isso, pretendiam ter um maior controle sobre a arrecadação de tributos e a arregimentação de mão de obra indígena, bem como enfraquecer as pretensões de domínio senhorial das primeiras gerações de espanhóis que chegavam às Américas. Essa forma de organização proposta pelo governo de Castela se baseava no ordenamento dos povos originários da América em aldeias, chamadas por diferentes nomes (*pueblos*, *resguardos*, *reducciones*, entre outras denominações), a depender do lugar do Novo Mundo em que estavam localizadas. Nesses espaços, eram colocadas sob a supervisão de membros do clero, de funcionários reais, chamados, em geral, de *corregidores de indios* (corregedores, em tradução livre), e de líderes indígenas, os *curacas* ou caciques, muitas vezes, aliados dos castelhanos. Além disso, as populações nativas desses *pueblos* deveriam ser catequizadas e se adequar à sua nova condição legal de vassalos da Monarquia espanhola, pagando-lhe impostos e fornecendo-lhe braços para o trabalho necessário à exploração colonial.

Por volta do último quarto do século XVIII, Chayanta era uma das regiões mais densamente povoadas do Alto Peru, com cerca 30 mil indígenas vivendo em suas jurisdições. Nesses territórios, assim como em grande parte da cordilheira dos Andes, os povos originários haviam se reorganizado, em termos coletivos, dentro dos novos marcos que se impuseram após a conquista castelhana. Embora tivessem, em sua grande maioria, se convertido ao catolicismo e sido submetidos à autoridade da Monarquia espanhola, permaneceram com uma série de costumes que remetiam ao passado anterior à colonização. Ao longo dos anos, as comunidades andinas, a despeito da presença de representantes da autoridade *peninsular* em seus *pueblos*, mantinham, por exemplo, a prática de realizar migrações sazonais vinculadas à produção agrícola, comuns desde a época em que a região estava sob o domínio dos incas. Assim, em parte do ano, ocupavam a região das serras, cultivando tubérculos e criando lhamas e vicunhas. Em outra parte, fixavam-se nos vales, onde produziam milho, trigo, frutas e legumes.

Em 26 de agosto de 1780, as coisas não se passaram, entretanto, como costumava ocorrer em San Juan de Pocoata. Nessa data, as diversas comunidades indígenas que se encontravam no povoado, concentradas para o cumprimento de suas obrigações tributárias e para o arranjo da *mita*, entraram em conflito com cerca de 200 soldados das milícias provinciais de Chayanta. O conflito teria se iniciado quando os indígenas pediram ao *corregidor de indios*, Joaquín Alós, que as autoridades espanholas da Audiência de Charcas libertassem Tomás Katari, um importante líder aimará que se encontrava encarcerado em Chuquisaca. Além da morte de 30 pessoas, entre espanhóis e mestiços, esse evento resultou na prisão do corregedor Alós, levado pelos grupos sublevados para San Pedro de Macha, localidade de onde Katari era natural. Dali os revoltosos seguiriam para Chuquisaca, com o objetivo de soltar o seu cacique.

Embora os acontecimentos de Chayanta guardem particularidades locais evidentes dada a grande densidade populacional indígena da região, maior do que em qualquer outro ponto dos domínios espanhóis nas Américas, o levante iniciado em San Juan de Pocoata não pode ser considerado uma movimentação isolada nos Andes, mas sim parte de um quadro mais geral de revoltas e rebeliões que atingiram diversas latitudes do Império Espanhol.

Ao longo de todo o século XVIII, o chamado sul andino, região que comportava territórios do Alto e do Baixo Peru, ou seja, as atuais jurisdições da Bolívia e do Peru, foi palco de diversas revoltas e rebeliões que, a despeito da participação de negros, mestiços e, em menor escala, *criollos*, tinham um caráter fundamentalmente indígena. Grande parte desses movimentos insurgentes foi resultado da contrariedade dessas populações em relação a abusos por parte dos *curacas* ou caciques, muitos dos quais impostos de modo artificial nos *pueblos* pelos *corregidores de indios*, e, principalmente, por arbitrariedades envolvendo questões fiscais e tributárias, no geral, praticadas por estas autoridades espanholas.

Nessa época, havia nos Andes, por exemplo, uma profunda insatisfação em relação ao chamado *reparto* de mercadorias, prática que consistia na obrigatoriedade imposta aos povoados ameríndios de adquirir produtos – tanto locais, quanto importados da Europa, em especial, têxteis, mas também animais de carga, artigos de ferro, alimentos e miudezas em geral – diretamente dos corregedores, a preços inflacionados. Em diversas regiões, havia também uma violenta exploração da mão de obra indígena em pequenas manufaturas de tecidos voltadas para o consumo local, os chamados *obrajes*, bem como nas minas, onde as condições de trabalho frequentemente eram péssimas. Além disso, em meio a uma situação econômica que mesclava crescimento populacional, escassez de terras cultiváveis e queda dos preços dos produtos agrícolas vendidos por esses povos nos mercados andinos, as populações ameríndias passaram a encontrar cada vez mais dificuldades para cumprir suas obrigações em relação aos tributos que deveriam ir para a Coroa espanhola, para os *corregidores de indios* e para a Igreja (em forma de dízimos e contribuições).

Para agravar esse cenário desalentador, os *pueblos* indígenas se constituíram como um dos principais alvos das medidas reformistas do rei Carlos III, intensificadas a partir da década de 1760. Embora, já desde o início do século XVIII, a dinastia dos Bourbon, que havia assumido o trono de Madri em 1701, buscasse implementar uma racionalização maior na administração, na economia e na extração tributária das colônias, foi somente a partir da segunda metade do século que começou a ser posto em prática pela Coroa um conjunto de reformas mais elaborado e consistente. Assim, além do aumento das *alcabalas*, principal imposto sobre a venda de produtos, e do estabelecimento de aduanas nas entradas das cidades para garantir os ingressos fiscais, assistia-se a um controle cada vez maior sobre o trabalho indígena, em especial, nas regiões mineiras. Foram bastante comuns, nesse período, apelações à justiça da Coroa por parte das comunidades nativas contra violências e o que consideravam exageros praticados pelas autoridades coloniais.

Nesse complexo painel andino, as intensas circulações dos vários povos que viviam na cordilheira – que ocorriam em razão de fatores tão diversos como as migrações sazonais, a arregimentação para a *mita,* as festas religiosas e as trocas comerciais, cujas trilhas se espalhavam pelos Andes – contribuíam para promover intercâmbios e conexões entre partes consideráveis do Alto e do Baixo Peru. Diante desse quadro, ao mesmo tempo, conflagrado e articulado, em meados da década de 1770, revoltas e rebeliões começaram a se multiplicar no sul andino, atingindo seu clímax nos eventos marcantes de 1780 e 1781.

A revolta envolvendo Tomás Katari se apresenta como bastante significativa para a compreensão não somente do panorama das rebeliões indígenas do século XVIII, mas também da complexa situação do Império Espanhol no período. Anos antes dos eventos do mês de agosto de 1780, em Pocoata, Katari, que ocupava então a posição de cacique em San Pedro de Macha, havia sido destituído de seu posto por Joaquín Alós, corregedor recém-nomeado da região de Chayanta, em 1777. Mesmo sem saber ler ou escrever e sem ser bilíngue, ou seja, não dominava o castelhano, o líder aimará procurou recorrer a todas as instâncias jurídicas da Monarquia espanhola com o objetivo de reaver seus direitos. Quando todos os recursos mais imediatos se esgotaram, Katari empreendeu uma inusitada e penosa viagem a Buenos Aires, capital do recém-criado Vice-Reinado do Rio da Prata, estabelecido de vez pouco tempo antes, em 1777, onde foi recebido pelo vice-rei Juan José de Vértiz.

Em meio a uma série de movimentos que pretendiam fazer com que a Audiência de Charcas se submetesse a essa nova fonte de autoridade localizada no Prata, Vértiz deu razão a Katari, demandando investigações em relação às suas demandas, reinvestindo-o de seu poder como cacique e determinando que, se necessário, Alós fosse afastado de sua posição como corregedor.

Ao retornar ao Alto Peru, Katari foi duas vezes a Chuquisaca, a segunda com um numeroso séquito. Desta última vez, acabou encarcerado, pois os membros da Audiência, acostumados com a autonomia que haviam tido até então em relação a Lima, recusaram as ordens vindas do novo centro de poder localizado em Buenos Aires. Em meio aos conflitos envolvendo as populações indígenas dos Andes e as autoridades coloniais que se intensificaram após o levante iniciado em San Juan de Pocoata, em agosto de 1780, Tomás Katari acabou assassinado poucos meses depois, em janeiro de 1781.

Em linhas gerais, pode-se dizer que tais eventos se deram como produto de um contexto caracterizado não somente pelas insatisfações das populações indígenas em relação à crescente exploração a que estavam sendo submetidas, mas também por um quadro de reordenamento nos jogos de poder do Império Espanhol. Aos levantes em Chayanta, no Alto Peru, se seguiram outros, em todo o sul andino. O principal deles ficou conhecido como a Grande Rebelião, comandada pelo *curaca* da região de Tinta, nos arredores de Cusco, José Gabriel Condorcanqui. Este membro da nobreza indígena peruana se dizia descendente do último imperador inca, Tupac Amaru, morto pelos castelhanos, em Vilcabamba, em 1572. Assim como Katari, antes que se constituísse como um líder rebelde, Condorcanqui também compareceu com reivindicações diante das autoridades de um vice-reinado, nesse caso, do Peru. Seu requerimento, junto à Audiência de Lima, pleiteava o fim do cumprimento da *mita* pelas populações de Tinta no distante Cerro Rico de Potosí. Suas demandas não obtiveram, entretanto, qualquer resultado.

Escrito de Tupac Amaru à Audiência de Lima (1777)

"Excelentíssimo Senhor: José Tupac Amaru, Cacique dos *Pueblos* de Surimana, Pampamarca e Tungasuca nas Províncias de Canas e Canchis (aliás Tinta), em nome dos caciques dos demais *pueblos* das ditas Províncias, e em virtude de seus poderes que em devida forma apresenta, posto aos pés de Vossa Excelência com seu maior rendimento, diz: Que o suplicante pelo respectivo a seus *Pueblos* fez a Vossa Excelência a mais humilde representação em benefício daqueles índios, que lhe são sujeitos, pelos imponderáveis trabalhos que padecem com a *mita* de Potosí, em uma distância de mais de 200 léguas; e, o que é mais, o gravíssimo dano da extirpação no visível experimento de seus índios, que, obrigados a ir a uma mina de tão considerável distância, cada um carrega suas mulheres e seus filhos, e fazem uma dolorosa despedida de sua pátria, e de seus parentes; por que a rigidez e a escabrosidade dos caminhos os mata, os aniquila; o estranho temperamento e pesado trabalho de Potosí, ou sua indigência não lhes dá arbítrio para regressar aos seus *pueblos*, quando a calamidade não acabou antes com a sua vida [...].

A atenção de Sua Majestade, benignamente manifestada em suas multiplicadas leis e ordenanças, não é outra que a do bom tratamento e conservação dos Índios. Ainda no ponto das *mitas* se faz preferencialmente em Sua Real piedade comparada a utilidade da tiragem de metais e extração de suas riquezas; porque pouco importariam estas se a extinção dos Índios as podia fazer pouco duradouras porque faltando aqueles, faltariam também estas [...].

[...] a Vossa Excelência [se] pede e suplica que, havendo por apresentados ditos poderes e instrumentos, se sirva a declarar que os Índios da expressa província de Canas e Canchis não estejam obrigadas à *mita* de Potosí pela decadência em que se encontram, e demais justas causas que leva o suplicante expostas. Pede mercê que com justiça espera alcançar da poderosa mão de Vossa Excelência – Lima, 18 de dezembro de 1777 – *José Tupac Amaru*."

(Fonte: Valcárcel, C. D. (org.). *La rebelión de Tupac Amaru*. Lima: CNSIP, 1974, V. II: La Rebelión, pp. 82-7. Tradução do autor.)

Mesclando em seu discurso um reconhecimento um tanto ambíguo da legitimidade dos reis de Castela e uma certa noção de restauração incaica, Condorcanqui tomou para si o nome de Tupac Amaru II e, no começo de novembro de 1780, pouco mais de dois meses após o início dos movimentos rebeldes em Chayanta, iniciou uma das principais rebeliões indígenas de todo o período colonial. O marco inicial dessa sublevação foi a prisão e a posterior execução do corregedor Antonio de Arriaga, que resultou na abolição imediata da *mita* e dos principais impostos da Coroa (as *alcabalas* e *aduanas*) por Condorcanqui na região de Tinta.

Tupac Amaru II ganhou fama nos anos seguintes à sua Grande Rebelião, sendo representado em gravuras em Buenos Aires poucos anos após sua morte. (*El rebelde Tupac Amaru*, autoria desconhecida, *c.* 1784-1806, coleção particular, Buenos Aires, Argentina)

No início de 1781, a Grande Rebelião chegou a Cusco, antiga sede do outrora poderoso Império Inca, que, por volta desse período, permanecia sendo uma das principais cidades de toda a cordilheira dos Andes. Nesse momento, Tupac Amaru II contava com um numeroso exército, composto por milhares de homens, entre os quais muitos mestiços e negros, bem como muitas mulheres, entre elas sua esposa, Micaela Bastidas, responsável pelo abastecimento das tropas com alimentos, vestes e armas. Após incursões ao sul e um retorno a Tinta, em abril desse mesmo ano, o *curaca* de Tinta, bem como alguns de seus aliados, foi preso e condenado à morte. Para que sua punição servisse de exemplo aos indígenas do altiplano, José Gabriel Condorcanqui teve seus membros presos ao dorso de quatro cavalos para ser dilacerado em praça pública. Entretanto, como seu corpo não se rompeu com o movimento dos equinos, Tupac Amaru II foi decapitado, diante de uma pequena multidão que se reuniu para assistir à execução, no dia 18 de maio de 1781.

Mesmo com as mortes de Tomás Katari e Tupac Amaru II, uma série de rebeliões seguiu ocorrendo no Alto Peru. Em Chayanta, Kurusa Llave, Dámaso e Nicolás Katari, respectivamente, a viúva e os irmãos de Tomás Katari, permaneceram, por meses, sublevados contra as autoridades espanholas. No altiplano andino, o aimará Julián Apaza, chamado de Tupac Katari em homenagem aos líderes Tupac Amaru e Tomás Katari, assumiu a liderança do movimento rebelde que promoveu, por cerca de seis meses, entre idas e vindas, um cerco a La Paz. Assim como os demais líderes rebeldes, Tupac Katari acabou morto, assassinado em dezembro de 1781. A partir de então, a intensidade dos movimentos rebeldes começou a diminuir.

Após 1782, levantes e revoltas indígenas menores e mais localizadas continuaram a eclodir nos Andes. Não obstante, no fim desse ano, as autoridades coloniais já haviam conseguido retomar o controle das zonas mais conflagradas do Alto e do Baixo Peru, modificando de modo definitivo as relações entre as populações originárias do altiplano andino e os brancos *peninsulares* e *criollos* que também habitavam a região.

Mapa 2 – A América espanhola colonial, *c.* 1800

"VIVA O REI, MORRA O MAU GOVERNO"

Muitas foram as interpretações dadas a esse importante ciclo de revoltas e rebeliões indígenas nos Andes em fins do século XVIII. Para alguns, esses movimentos apontavam para o futuro, pois seriam os grandes precursores das independências no altiplano andino. Para outros, seu olhar mirava o passado, já que o que se buscava era uma restauração dos gloriosos tempos incaicos. Como têm destacado os historiadores nas últimas décadas, ambas as afirmações, quando encaradas de modo estrito, são bastante problemáticas.

De modo geral, esses movimentos procuraram confrontar as péssimas condições de vida indígenas diante de um modelo colonial que não os favorecia e que os explorava cada vez mais. Nessas sublevações, articulavam-se, nas práticas e retóricas, de forma um tanto curiosa, um reconhecimento, por vezes ambíguo, da legitimidade da Coroa de Castela, uma evocação de signos e referências de um passado originário anterior à conquista espanhola, em especial, à época dos incas, e um uso da violência mesclado ao recurso aos meios legais facultados pela Monarquia ibérica aos seus vassalos nativos.

Dessa forma, mais que a libertação dos territórios andinos em relação a Madri, o que parece emergir desses eventos é a busca violenta por uma repactuação das relações entre a Coroa e os povos indígenas do Novo Mundo. Em alguma medida, pode-se dizer que essa repactuação não se daria na direção de um futuro independente das nações hispano-americanas ou mesmo de uma restauração de uma soberania plena dos povos originários, mas convergiria, em outro sentido, na busca por um novo arranjo a ser construído sob alguns alicerces tradicionais. Lembremos, por exemplo, que as duas referências principais mobilizadas pelas populações indígenas nesse contexto eram precisamente os símbolos e paradigmas do mundo inca e as concepções, mesmo que rearticuladas sob uma ótica ameríndia, do Antigo Regime.

É preciso frisar ainda que nem todos os cacicados e *curacados* indígenas participaram das revoltas e das rebeliões do século XVIII ao lado dos insurgentes. Muitos inclusive permaneceram fiéis e lutaram sob as ordens da Coroa espanhola. Em contrapartida, embora majoritariamente indígenas, esses movimentos tiveram grande participação de mestiços e negros, e contaram com uma atuação ambígua por parte dos *criollos*.

A despeito de também estarem insatisfeitos, em sua grande maioria, com as medidas administrativas, econômicas e fiscais que vinham sendo tomadas pela casa de Bourbon, os *criollos* não deixavam de temer que uma possível radicalidade das sublevações indígenas pudesse se voltar contra todos os brancos, inclusive aqueles nascidos nas Américas. Nesse sentido, sua participação foi apenas marginal, por exemplo, nos levantes comandados por Tupac Amaru e Tupac Katari. Em outras regiões do sul andino, como Oruru, no Alto Peru, os *criollos*, insatisfeitos com a excessiva carga tributária que vinha sendo imposta crescentemente pelos governos bourbônicos, atuaram de modo mais efetivo nas sublevações críticas a autoridades e demandas peninsulares.

Nesse quadro de conflagração nos Andes, é evidente, portanto, a existência de uma cisão entre indígenas e *criollos*, o que dificultava uma possível união desses dois grupos em eventuais protestos contra as autoridades coloniais.

Para as populações indígenas dos Andes, as revoltas e as rebeliões da segunda metade do século XVIII tiveram resultados e efeitos importantes em muitos e contraditórios sentidos. Em termos práticos, assistiu-se a uma diminuição da pressão tributária que vinha crescendo, ano a ano, sob os governos bourbônicos, bem como à abolição dos *repartos* de mercadorias e o fim do cargo de *corregidor de indios*. Com o objetivo de controlar de modo mais efetivo as regiões da zona andina, foi criada pelo governo de Madri, em 1787, a Audiência de Cusco. Em meio a essas transformações nas relações entre a Coroa e as populações indígenas da América, a noção de "república dos índios", entendida até então como um estamento de vassalos da Monarquia hispânica, passava a não mais fazer sentido para as autoridades metropolitanas. A partir de então, os povos originários começariam a ser concebidos, nos quadros do Império Espanhol, praticamente como uma *casta* social e étnica, composta, em geral, por *camponeses*. Nesse quadro, os cacicados rebeldes foram abolidos e o passado incaico que gozava de certa reputação entre as nobrezas indígenas passou a ser perseguido pelas autoridades de Lima e Cusco, assim como as línguas locais, em especial o quéchua e o aimará. Tratava-se, no limite, não só do fim de uma era para as populações originárias das zonas andinas, mas também de uma mudança fundamental nas relações sociais entre os povos que habitavam o altiplano e as elites brancas, tanto *peninsulares* quanto *criollas*.

Para além da cordilheira dos Andes, os movimentos de crítica e contestação em relação às medidas e às autoridades espanholas foram uma constante nos territórios do Império ao longo de todo o século XVIII. A Revolta dos Comuneros do Paraguai (1717-1735) se apresenta, por exemplo, como uma das mais longas entre todas aquelas que ocorreram na primeira metade do século. Ela começou logo após os *criollos* paraguaios, em meio às suas disputas com os jesuítas em torno do uso da mão de obra indígena na região, não aceitarem a nomeação, realizada pelo Vice-Reinado do Peru, do governador Diego de los Reyes Balmaceda, aliado dos padres da Companhia de Jesus. Além dos conflitos locais envolvendo colonos, clérigos e populações ameríndias, a contenda no Paraguai mobilizou um litígio em relação à jurisdição sobre aqueles territórios, em virtude, principalmente, da intervenção da Audiência de Charcas no episódio, o que desagradou as autoridades de Lima.

Ainda na primeira metade do século XVIII, também foram constantes os levantes na Venezuela, em especial, contra a Real Companhia de Caracas, ou Companhia Guipuzcoana, empresa basca que, em acordo com a Coroa espanhola, detinha o monopólio das exportações de cacau na região. Em 1732, por exemplo, uma grande rebelião contra esse empreendimento ocorreu nos arredores do vale do rio Yaracuy, sob a liderança do *zambo* (mestiço de negro e indígena) Andrés López del Rosário, conhecido como Andresote, apoiado por *hacendados* (proprietários de terra) e comerciantes *criollos*, bem como por contrabandistas holandeses.

Desde que foram expulsos pelos luso-americanos de Pernambuco, em meados do século XVII, os holandeses haviam se tornado uma presença constante no Caribe, onde não se restringiam ao cultivo da cana-de-açúcar, cuja aptidão técnica haviam adquirido nos anos em que ocuparam a América portuguesa, mas também atuavam no comércio ilícito e no contrabando de diversos produtos, entre os quais o cacau venezuelano. Como os traficantes dos Países Baixos estavam entre os principais prejudicados com a implantação da Companhia Guipuzcoana em Caracas, que os levara a perder seus negócios, começaram a atuar em favor de rebeliões e levantes contra os interesses da empresa basca nessas áreas.

Aliado dos holandeses, Andresote era um *cimarrón*, ou seja, um antigo escravizado que, após fugir de uma *plantation* de cacau em Carabobo, vivia em um quilombo nos arredores do Yaracuy, dedicando-se, desde então, ao comércio ilícito desse artigo, muito mais lucrativo que o que vinha sendo praticado com os bascos. Em sua rebelião contra a Companhia Guipuzcoana, além de contar com o apoio dos *criollos* e dos traficantes dos Países Baixos, Andresote mobilizou centenas de escravizados, libertos e *cimarrones*. Perseguido, Andresote conseguiu fugir para Curaçao, mas grande parte de seus seguidores negros foi presa e condenada à morte após a derrota militar do movimento para os exércitos do governador da Venezuela, Sebastián García de la Torre, em 1733.

Outro importante levante, na região da Venezuela, contra os monopólios da empresa basca, ocorreu em 1749, nos arredores de Barlovento, nas proximidades de Caracas, sob a liderança do fazendeiro canário Juan Francisco de León. Assim como a rebelião de Andresote, esse movimento contou com apoio holandês e *criollo*, e mobilizou grandes contingentes de escravizados, mestiços, *mulatos*, *zambos* e *cimarrones*. Em 1752, De León foi encarcerado e enviado para a prisão do Arsenal de la Carraca, em Cádiz, na Espanha, onde morreu de varíola, no mesmo ano.

A partir da década de 1760, diversas revoltas e rebeliões eclodiram em vários pontos do Império Espanhol nas Américas, em especial, contra as reformas de Carlos III. Em Quito (atual Equador), por exemplo, em 1765, assistiu-se a uma importante sublevação, majoritariamente *criolla* e mestiça, contra o aumento do imposto real (*estanco*) sobre a aguardente, bem como contra as aduanas que haviam sido implantadas pela Monarquia ibérica. No Vice-Reinado da Nova Espanha (atual México), ocorreram distúrbios, em 1767, contra a expulsão dos jesuítas dos territórios hispânicos determinada pelo governo de Madri, no âmbito de suas reformas.

Na região da Nova Granada (atual Colômbia), em 1781, houve um importante levante denominado Rebelião dos Comuneros, iniciado na região de Socorro, cidade localizada no atual departamento de Santander, que não demorou a se expandir por grande parte dos territórios do vice-reinado. Esse movimento que congregou *criollos*, mestiços e indígenas, bem como comerciantes, *hacendados* e mineiros, foi provocado pelo incremento nos monopólios sobre o tabaco e também pelo aumento das *alcabalas* e aduanas que haviam sido impostas então pelo visitador Juan Francisco Gutiérrez de Piñeres.

Até cerca de meados do século XX, praticamente todos esses movimentos contra as reformas de Carlos III – ou mesmo manifestações ocorridas ainda anteriormente a elas – foram vistos como espécies de *prenúncios* ou *antecedentes* da nação que se formaria com as independências. Eram descritos, em geral, como conflitos de resistência de "peruanos", "bolivianos", "paraguaios", "venezuelanos", "equatorianos", "mexicanos" e "colombianos" *avant la lettre*, contra a opressão dos colonizadores "espanhóis". Entretanto, quando analisamos com mais cuidado, é possível perceber que, mesmo nos movimentos mais radicais, como as rebeliões indígenas dos Andes, da segunda metade do século XVIII, o que predominava entre os atores sociais daquele período não era o desejo da separação de suas respectivas regiões em relação à metrópole ibérica, mas o fim do que viam como abusos e excessos praticados pelas autoridades coloniais. Em outras palavras, não questionavam ainda, naquele momento, os laços que os uniam à Monarquia espanhola, nem tampouco a autoridade do rei, mas sim os modos pelos quais essa autoridade estava sendo exercida.

Em uma conhecida narrativa sobre o início dos protestos que desembocariam, em março de 1781, na Rebelião dos Comuneros, conta-se que, em determinado momento, um grupo de homens teria começado a confrontar o *alcalde*, uma espécie de prefeito da região de Socorro, José de Angulo y Olarte, afirmando que não pagariam os novos impostos criados pelo governo bourbônico. Nesse momento, uma mulher chamada Manuela Beltrán teria gritado a plenos pulmões, em meio àquela contenda, um dos principais mantras das revoltas e rebeliões nos quadros das sociedades de Antigo Regime: "Viva o rei, morra o mau governo! Não queremos pagar a Armada de Barlovento!". A crer na veracidade dessa história, Manuela fazia referência aqui aos impostos que se queriam cobrar para o financiamento dos navios militares castelhanos, responsáveis por escoltar as embarcações mercantes que circulavam entre os portos da Espanha e das Américas. Ao fazer essa assertiva, afirmava, ao mesmo tempo, a legitimidade da Monarquia e o seu direito em questionar a arbitrariedade de suas ações.

Manuela Beltrán se tornou uma heroína nacional na Colômbia por sua atuação na Rebelião dos Comuneros de Socorro, em 1781. (Selo comemorativo a partir de pintura de Ignácio Castillo Cervantes, 1971, Banco da República de Colombia Cultural)

"Viva o rei, morra o mau governo!" se constitui em uma expressão que contribui para a compreensão da natureza das revoltas e das rebeliões que sacudiram as porções americanas do Império Espanhol da segunda metade do século XVIII. Diante desse quadro, a independência ainda demoraria alguns anos para se tornar o principal propósito dos diversos grupos sociais que faziam parte da Monarquia Católica.

DE UMA MONARQUIA A OUTRA

Por volta de 1790, o Império Espanhol apresentava feições bastante diferentes daquelas que os Bourbon encontraram quando chegaram ao poder, no início do século XVIII. Sua ascensão ao trono de Madri, em 1701, fora proporcionada pela morte, no ano anterior, do rei Carlos II, que, sem deixar herdeiros, indicara Felipe d'Anjou, seu sobrinho-neto, como sucessor.

Embora houvesse sido aclamado pelas cortes de Castela como seu novo monarca, Felipe provocava desconfianças internas e externas, em especial por suas origens francesas. À diferença do tio-avô, esse então jovem aristocrata não pertencia à dinastia dos Habsburgo, família de origem austríaca que vinha governando a Espanha desde 1516, mas fazia parte da linhagem dos Bourbon, que ocupava o poder na França desde fins do século XVI. Mais que isso, era neto de Luís XIV, o "Rei Sol", um dos mais poderosos soberanos da Europa à sua época.

Coroado como Felipe V, Felipe d'Anjou pôde assumir de modo definitivo a Coroa apenas após enfrentar um conflito militar que se generalizou para além da Monarquia que desejava governar, por todo o continente europeu, a chamada Guerra de Sucessão Espanhola (1701-1714). Nessa contenda, defrontou-se tanto com o ramo austríaco dos Habsburgo, que também reclamava o trono, quanto com outras potências, entre as quais a Inglaterra e os Países Baixos, que temiam que se formasse um grande e poderoso conglomerado franco-espanhol governado pela casa de Bourbon, no coração da Europa.

De modo geral, essa troca de guarda na península ibérica representou o início de uma era de grandes transformações não somente na política imperial dos espanhóis, mas também no lugar ocupado por essa Monarquia no panorama das disputas com os demais Estados do período. Essa movimentação nas peças do tabuleiro europeu significava, por um lado, um alinhamento bastante sólido de Madri às órbitas da Monarquia francesa. Por outro, ratificava o prolongamento de uma rivalidade secular, já existente ao menos desde fins do século XVI, com a Inglaterra.

À época da ascensão dos Bourbon, a Monarquia espanhola parecia estar esgotada após as muitas guerras e crises políticas e econômicas que vinha vivenciando desde o século XVI. Para os mais pessimistas, a Espanha não era mais nem a sombra do que havia sido outrora, quando conquistara um império "*donde nunca se pone el sol*" ("onde o sol nunca se põe"), com possessões ultramarinas que se estendiam pelos quatro quadrantes do mundo, do México às Filipinas. Entretanto, a despeito da grandiosidade do processo de expansão ultramarina, iniciado dois séculos antes, a trágica e violenta obra de conquista e colonização desses territórios não havia se constituído, naquele momento, como uma obra da Espanha, tal como a entendemos hoje, mas da Coroa de Castela, apenas uma das várias partes que compunham a chamada Monarquia Católica.

O que entendemos hoje como Espanha se constituiu, a partir da segunda metade do século XV, como resultado da união dos diversos reinos existentes na península ibérica durante o período medieval, com a exceção de Portugal, por meio da junção dessas várias soberanias regionais sob uma mesma Coroa. A unificação peninsular não significou, entretanto, uma centralização política efetiva, pois se mantiveram, de modo geral, nesses territórios, as autonomias, os foros e as formas de organização locais, em uma maneira de estruturar o poder que tem sido chamada pelos historiadores de *monarquia compósita*. Essa maneira de ordenamento político pode ser apontada como uma das grandes marcas do período em que a dinastia austríaca dos Habsburgo governou a Monarquia Católica, entre 1516 e 1700, bem como a baliza sobre a qual se definiu suas relações com seus domínios ultramarinos.

Em linhas gerais, pode-se dizer que, nos cerca de dois séculos em que os Habsburgo governaram o Império Espanhol, as relações entre a Coroa e os seus colonos no Novo Mundo se caracterizaram, a despeito das lógicas compósitas da Monarquia, por um jogo de forças. Por um lado, Castela buscava promover medidas voltadas ao fortalecimento do controle em relação aos seus domínios e vassalos, enquanto, por outro, as populações que viviam nas então chamadas Índias Ocidentais atuavam no sentido de manter ou reforçar suas autonomias locais. Contudo, a despeito desses embates, o saldo final desse cabo de guerra entre a Coroa e os seus súditos ultramarinos se mantinha, de modo geral, por meio de uma espécie de equilíbrio pactuado entre o centro da Monarquia e as diversas localidades que a compunham.

Diferentemente do que havia ocorrido sob a dinastia dos Habsburgo, os Bourbon procuraram, ao longo do século XVIII, reestruturar os consensos e as práticas que regiam não somente o seu Império ultramarino recém-conquistado, mas também as relações existentes na própria península. Nesse sentido, parte considerável das medidas implantadas pelos governos bourbônicos, no conjunto dos territórios espanhóis e hispano-americanos, nos quadros de sua política reformista, foi aplicada, por exemplo, antes na Espanha que nas Américas, colocando em xeque as lógicas compósitas que haviam sido estabelecidas nos processos de construção da Monarquia no século XV e mantidas, em seus caracteres gerais, por cerca de dois séculos, pela dinastia dos Habsburgo.

No que se refere à península ibérica, embora algumas regiões como Navarra ou as províncias bascas houvessem preservado parte de sua autonomia local após a ascensão da casa de Bourbon ao trono de Madri, as antigas jurisdições aragonesas (Aragão, Valência e Catalunha), que haviam se posicionado na Guerra de Sucessão Espanhola contra Felipe d'Anjou e seus partidários, foram submetidas, por meio dos chamados decretos de *Nueva Planta* (1701-1716), à autoridade, às leis e às estruturas tributárias de Castela. Da mesma forma, o sistema de intendências, inspirado no modelo francês e alicerçado sobre a nomeação de funcionários reais, que seriam responsáveis, a partir de então, por fomentar as atividades econômicas, incrementar a arrecadação tributária e fortalecer os laços entre as administrações locais e o governo central, foi estabelecido também primeiro na península, ainda na primeira metade do século XVIII, e apenas depois no Novo Mundo.

Em termos políticos, a tentativa de submissão das entidades representativas aragonesas, catalãs e valencianas, conduzida pelo governo de Madri, promoveu uma inflexão fundamental nos rumos do Antigo Regime espanhol e hispano-americano, ao consolidar a ascensão de um projeto de poder com pretensões verdadeiramente centralizadoras da parte de Castela. Nesse contexto, as concepções acerca dos próprios sentidos da Monarquia foram bastante alteradas sob o mandato bourbônico: em lugar de sua compreensão como uma junção de corpos necessariamente heterogêneos articulados em torno da figura do rei, buscava-se instituir uma relação, em geral, binária e homogeneizadora do monarca com seus súditos, por meio do enfraquecimento do poder e dos privilégios de diversos reinos e corporações que compunham o conglomerado imperial espanhol.

AS REFORMAS BOURBÔNICAS E SEUS IMPASSES

De forma geral, as Reformas Bourbônicas da segunda metade do século XVIII, associadas, via de regra, ao reinado de Carlos III (1759-1788), se caracterizaram não somente pelo reordenamento do Império, mas também pela reformulação das concepções em torno dos próprios significados da Monarquia. Além da busca por incrementar a extração tributária, fomentar a produção econômica e reorganizar administrativamente seus territórios nos seus mais diversos níveis, a Coroa procurava, sob esses novos paradigmas, submeter de modo mais direto as diversas latitudes de seus domínios, inclusive na própria península ibérica, à autoridade de Madri.

Os Bourbon afirmavam pretender com suas ações reverter um sentimento de "decadência", que vinha sendo vivenciado pela Monarquia espanhola desde meados do século XVII. Além disso, buscavam alinhar ou, ao menos, aproximar suas formas de governo das práticas que vinham sendo consideradas bem-sucedidas entre os seus concorrentes atlânticos, em especial, a França e a Inglaterra. Nos documentos oficiais emitidos pelo governo de Castela, termos como "reinos das Índias" começaram a ser, cada vez mais, substituídos por "colônias", explicitando as novas concepções que passavam a guiar as autoridades espanholas.

O reformismo bourbônico dialogava, nesse período, também com uma série de transformações importantes nos debates políticos e culturais na península ibérica do século XVIII, aproximando-se, em muitas ocasiões, dos ideais da chamada Ilustração. Em linhas gerais, noções acerca dos direitos dos indivíduos e dos princípios da razão como ordenadores das sociedades passavam a conviver e a disputar espaços com as perspectivas corporativas até então dominantes no Antigo Regime. Nesse quadro, muitos ilustrados se caracterizaram pela defesa da promoção das atividades consideradas "úteis" e da construção do saber por meio da experimentação, advogavam o incentivo à propriedade privada, à industrialização, à livre iniciativa e ao livre-comércio, bem como propunham a depuração do catolicismo, por meio do abandono de crendices, superstições e fanatismos.

Em diálogo com essas premissas, entre as décadas de 1760 e 1780, uma série de medidas começou a ser aplicada pelo governo bourbônico nas Américas, em especial, nas esferas econômica, tributária e administrativa. Em 1767, por exemplo, a rica, influente e autônoma Companhia de Jesus, considerada, por volta desses anos, uma ameaça ao poder da Coroa, foi sumariamente expulsa dos territórios governados por Madri. Em 1778, foi instituído o livre-comércio entre os entrepostos peninsulares e hispano-americanos, substituindo o sistema de porto único, que, por mais de dois séculos, concentrara a chegada de embarcações, produtos, pessoas e tributos provenientes do ultramar apenas em um único local, inicialmente, Sevilha, e, desde 1717, Cádiz, no sul da Espanha. No sentido inverso, esse novo regramento retirou a primazia de zonas importantes como Veracruz, Portobello, Cartagena de Índias e Havana, abrindo espaços para novas e importantes praças comerciais, como Buenos Aires, no Rio da Prata, e La Guaira, na Venezuela.

Nos âmbitos administrativos, além do estabelecimento do sistema de intendências, a princípio em Havana, em 1764, e, posteriormente, disseminado pelos diversos territórios do Novo Mundo, foram implantadas também novas audiências, capitanias-gerais e vice-reinados, responsáveis por redesenhar os contornos políticos da América hispânica na segunda metade do século XVIII. Em 1777, foram criadas, por exemplo, capitanias-gerais em Cuba e na Venezuela, inspiradas nos modelos de governo e defesa do território existentes, desde o século XVI, em regiões como Porto Rico, Chile, Guatemala e Manila.

Em relação aos vice-reinados – principais centros de poder existentes no mundo colonial desde as décadas seguintes à conquista, quando foram implantados na Nova Espanha (atual México), em 1535, e no Peru, em 1542 –, constituíram-se, ao longo do século XVIII, duas novas centralidades na América do Sul, por meio do desmembramento do outrora poderoso vice-reinado peruano. Nas porções setentrionais sul-americanas, foi instituído ainda no início do século, em 1717, o Vice-Reinado de Nova Granada, que deveria comportar os territórios do Panamá, da Audiência de Quito (atual Equador), do Novo Reino de Granada (atual Colômbia), bem como as parcelas orientais da chamada Tierra-Firme (atual Venezuela). Nas parcelas meridionais do Novo Mundo, já no âmbito das Reformas Bourbônicas propriamente ditas, foi concebido em 1776 (e implementado no ano seguinte) o Vice-Reinado do Rio da Prata, abarcando além das margens ocidentais e orientais dos territórios platinos (atuais Argentina e Uruguai), o Paraguai e o Alto Peru (atual Bolívia), englobando em suas jurisdições, a partir de então, as majestosas minas de prata do Cerro Rico de Potosí.

Além disso, ao longo desses anos, buscou-se aumentar a produtividade das atividades mineradoras e agroexportadoras do Novo Mundo, muitas vezes, com uma exploração cada vez maior e mais violenta das populações indígenas, bem como combater o comércio ilegal e o contrabando, então recorrentes nos litorais do Atlântico e do Pacífico. Como não poderia deixar de ser, impostos e monopólios como as *alcabalas*, as *aduanas* e os *estancos*, em especial, sobre o tabaco e as bebidas alcoólicas como a aguardente, também foram implantados, com vista ao aumento da arrecadação e dos ganhos da Coroa.

Embora essas reformas tenham sido, de fato, de grande valia ao erário castelhano, colocaram em relevo uma série de tensões sociais e étnicas existentes em toda a Monarquia Católica e, em particular, nas Américas. A princípio, deixaram clara a existência de uma crescente divisão entre os *criollos*, paulatinamente alijados dos principais cargos administrativos, eclesiásticos e militares nas colônias, e os *peninsulares*, vistos, em geral, como privilegiados pela nova ordem bourbônica. Em meio às novas formas de organização imperial, identidades locais foram, cada vez mais, ativadas, e rivalidades entre os espanhóis nascidos na Europa e nas Américas começaram a se amplificar.

Como chamamos atenção no início deste capítulo, a atuação das autoridades bourbônicas também provocou reações, muitas vezes, violentas, na forma de revoltas e rebeliões que se espalharam pelas mais diversas partes das Américas.

Além de movimentos de teor majoritariamente indígena, como os ocorridos no sul andino, liderados por Tomás Katari, Tupac Amaru e Tupac Katari, entre outras lideranças menos conhecidas, entre fins da década de 1770 e inícios da década de 1780, houve também aqueles que envolveram *criollos*, mestiços e negros em várias regiões do Novo Mundo, como Quito ou Socorro, respondendo, em geral, a crescentes abusos administrativos e excessos tributários cometidos pela Monarquia, que se acentuaram na segunda metade do século XVIII, sob o governo de Carlos III. Em todos esses casos, independentemente da radicalidade de cada movimento, não era ainda evidente qualquer pauta separatista da parte dos rebeldes. Buscava-se, na verdade, como dissemos anteriormente, uma repactuação com a Monarquia e não sua necessária dissolução.

A despeito disso, a guinada promovida pelos Bourbon havia tomado, como se verá depois, um caminho sem volta. Diante desse quadro, os antigos pactos entre os súditos da Monarquia e o seu rei jamais voltariam a ser os mesmos.

Nas Américas, por volta dessa época, obras do jesuíta granadino Francisco Suárez (1548-1617), escritas entre fins do século XVI e inícios do século XVII, voltaram a ser valorizadas. Para esse teólogo e jurista vinculado à Companhia de Jesus, as relações entre governantes e governados deveriam se basear, fundamentalmente, em um contrato entre o rei e seus súditos, os quais estariam obrigados a se submeter ao seu poder apenas enquanto o monarca estivesse cumprindo com suas responsabilidades, de acordo com o pacto estabelecido. No caso de rompimento dessa aliança, seja pelo mau governo do detentor da Coroa, seja em razão da vacância no trono, a resistência à tirania estaria permitida e a autoridade deveria retornar ao seu local de origem, ou seja, aos diversos "povos" (*pueblos*) que compunham a Monarquia. Como ensinava Suárez, resistir era permitido e rebelar-se, um direito, no Antigo Regime.

Como veremos ao longo dos próximos capítulos, esses princípios, presentes nos conturbados tempos de contestação da segunda metade do século XVIII, seguirão vivos, adentrando o século XIX e permeando, mesmo que de modo tortuoso, os discursos das independências.

Entretanto, mesmo com a eclosão de revoltas e rebeliões nos diversos territórios submetidos ao governo bourbônico, será apenas a partir da década de 1790 que, paulatinamente, começarão a surgir as primeiras propostas de secessão dos territórios do Novo Mundo. Nos anos que se seguiram, os impactos da Revolução de Independência dos Estados Unidos (1776-1783) ainda se faziam sentir dos dois lados do Atlântico. Da mesma forma, a Revolução Francesa (1789-1799) vivenciava alguns de seus capítulos decisivos e, com ela, ocorriam dois de seus mais importantes e contraditórios desdobramentos: a revolta dos escravizados de São Domingos, mais conhecida hoje como Revolução Haitiana (1791-1804); e a ascensão de Napoleão Bonaparte ao poder, inicialmente como primeiro cônsul, em 1799, depois, como imperador, em 1804. O Império Espanhol se verá envolvido de modo irreversível nesse turbilhão, não somente por meio das guerras atlânticas que se disseminaram depois de 1789, mas também mediante tratativas e conspirações que começavam a se tramar em partes mais ou menos recônditas das Américas, bem como em algumas cortes europeias, em especial, em Londres.

Diante desse quadro, quando ainda não se pensava de modo efetivo nas independências dos territórios hispano-americanos, um venezuelano chamado Francisco de Miranda, ao circular por cidades relevantes dos dois lados do Atlântico Norte, começava a fazer planos para libertar a América do domínio espanhol. Entre fins do século XVIII e inícios do século XIX, a ideia de emancipação das colônias espanholas começava a ser mencionada em voz alta, na Europa e nos Estados Unidos, por esse *criollo* nascido em Caracas, mas que vivera a maior parte de sua vida no exterior e que participara, além disso, de alguns dos principais episódios da chamada "Era das Revoluções". Esse personagem, que cumpriu um percurso, em alguma medida, quixotesco, se tornaria, como veremos a seguir, um dos principais nomes dos movimentos revolucionários que iriam tomar de assalto a América hispânica.

Conexões atlânticas em tempos revoltos

LA VELA DE CORO, VENEZUELA, 1806

Cerca de 6 meses depois de partir, no dia 2 de fevereiro de 1806, do porto de Nova York, nos Estados Unidos, Francisco de Miranda (1750-1816), um *criollo* filho de um migrante das Ilhas Canárias que enriquecera como comerciante em Caracas, desembarcava com navios, homens e armas em La Vela de Coro, no litoral venezuelano, após décadas de uma vida construída no exterior. Seu objetivo ao retornar à Venezuela, sua terra natal, não era, entretanto, dos mais prosaicos: pretendia libertar o continente americano, ao qual se referia, muitas vezes, como *Colombia* ou *Colombeia*, da autoridade espanhola. Sob o comando do bergantim *Leander*, batizado assim em homenagem a Leandro, seu primeiro filho, Miranda partira do porto nova-iorquino, meses antes, com uma tripulação de cerca de 200 homens, levando consigo algum material bélico e uma prensa móvel.

Após uma tentativa fracassada, em abril, de ocupar as costas de Ocumare, a algumas léguas de Puerto Cabello, retornou aos litorais de seu país, disposto a cumprir sua missão, agora com o reforço das novas embarcações, guarnecidas com canhoneiras, armamentos, suprimentos e tropas, que amealhara na ilha de Trinidad, então parte do Império Britânico. Miranda cumpria, naquele momento, o ponto culminante de uma jornada cujo saldo final seria duas tentativas frustradas de ocupação da capitania-geral da Venezuela.

Francisco de Miranda é um personagem controverso, ambíguo e, ao mesmo tempo, extraordinário. Amado ou odiado por seus contemporâneos, aclamado ou vilipendiado pela posteridade, esse *criollo* de origem caraquenha foi designado *a posteriori* como *El Precursor* ("O Precursor") das independências não só de seu país, mas também da América espanhola como um todo. Da mesma forma, também foi tratado, em muitas situações, como traidor da Monarquia hispânica e agente do imperialismo britânico.

Após deixar a Venezuela, em 1771, com o objetivo de servir o Real Exército Espanhol, Miranda se viu envolvido nos principais conflitos, guerras e revoluções de sua época, da Revolução de Independência dos Estados Unidos à Revolução Francesa, atuando, ainda, no fim de sua vida, nos movimentos pela emancipação na América do Sul. Além disso, esteve em contato com alguns dos personagens mais influentes e poderosos do Mundo Atlântico entre fins do século XVIII e inícios do século XIX, tanto na Europa quanto nas Américas. Por meio de sua trajetória pessoal, é possível entrar em contato com algumas das mais importantes questões desse vertiginoso quadro global da "Era das Revoluções".

A despeito de pertencer a uma família de comerciantes que haviam enriquecido ao longo do século XVIII, Miranda e o seu círculo mais próximo, em razão de suas origens migrantes e canárias, jamais foram vistos como iguais pelos principais membros da aristocracia *criolla* da Venezuela, os chamados *mantuanos*. Ainda assim, antes de embarcar para Madri, em 1771, com o objetivo de servir às armas da Monarquia Católica, frequentou a Universidade de Caracas, onde estudou História, Filosofia, Matemática e Direito.

Depois de atuar, nos batalhões do Real Exército, no norte da África, em especial, no Marrocos e em Argel, foi enviado para a América do Norte, no contexto das lutas das Treze Colônias continentais britânicas contra a Inglaterra, das quais vinham participando também franceses e espanhóis, ao lado dos colonos rebeldes. Promovido a tenente-coronel devido a sua participação na Batalha de Pensacola (1781), na Flórida, transferiu-se para Havana, na ilha de Cuba, onde não somente sua carreira militar, mas também sua vida, de modo geral, sofreria uma grande guinada.

Após cumprir uma missão em Kingston, na Jamaica, também território britânico, Miranda foi acusado pelas autoridades espanholas, em seu retorno a Cuba, de contrabando e de fornecer informações confidenciais aos ingleses. Condenado, fugiu, em 1783, para os Estados Unidos, passando a viver desde então, de modo itinerante, entre a América do Norte e a Europa. Em terras norte-americanas, travou contatos com alguns dos principais nomes da Revolução de Independência daquele país, como George Washington, Alexander Hamilton e John Adams, bem como com o radical Thomas Paine, com quem se reencontraria posteriormente em Londres, em 1792, e em Paris, entre 1793 e 1795. Ainda nos Estados Unidos, ao assistir às mobilizações em torno das guerras pela emancipação e aos processos de formação daquela nova República, começou a acalentar a possibilidade de que algo similar pudesse acontecer também na América espanhola.

Em 1784, Miranda se transferiu para Londres, de onde passou a circular por praticamente toda a Europa. Entre 1785 e 1789, percorreu muitas léguas entre o continente europeu e as várias partes do Mediterrâneo, da Itália ao Império Otomano, da Grécia à Rússia, frequentando, inclusive, os círculos próximos à czarina Catarina II. Em algumas circunstâncias, nesses périplos, usou nomes falsos, temendo ser extraditado para a Espanha, onde ainda era procurado pelas autoridades da Monarquia Católica.

Na Inglaterra, lugar em que permaneceu por mais tempo nesses anos de vida itinerante, além de travar relações com o filósofo Jeremy Bentham, acercou-se também, por volta de 1790, do primeiro-ministro William Pitt. Embora o gabinete de Londres não aparentasse ter o objetivo de encampar diretamente quaisquer lutas para emancipar os territórios hispano-americanos, os súditos de Sua Majestade Britânica não viam isso necessariamente com maus olhos, não somente em razão das possibilidades de abertura dos mercados do Novo Mundo para sua crescente produção industrial, mas também por conta das guerras contra os espanhóis que vinham sendo travadas, há mais de um século, dos dois lados do Atlântico. Miranda chegou a propor a Pitt, já nesse momento, uma aliança: em troca da abertura dos mercados hispano-americanos, solicitava o apoio britânico à independência da América espanhola em relação à sua metrópole. Muito cedo, como se nota, Miranda começava a conceber a possibilidade de emancipação das regiões de colonização ibérica com o apoio inglês. Nos diversos textos, cartas, diários e relatos de viagem que produziu nesse período, Miranda idealizava a construção, após uma possível libertação em relação à Espanha, de uma grande confederação capaz de abarcar os países hispano-americanos, a ser governada, conforme propunha, por um imperador que deveria receber o título de *inca*.

América espera (1790)

"Proposta fundamental a William Pitt

EM CONSEQUÊNCIA DA CONFERÊNCIA REALIZADA EM HOLLWOOD EM 14 DE FEVEREIRO DE 1790

A América espanhola deseja que a Inglaterra a ajude a sacudir a opressão infame em que a Espanha a tem colocado negando a seus naturais de todas as classes que possam obter empregos militares, civis ou eclesiásticos de alguma consideração, e conferindo-os apenas aos espanhóis europeus de baixa esfera em geral, que vêm ali unicamente para enriquecer, ultrajar e oprimir os infelizes habitantes, com uma rapacidade incrível, proibindo ainda à nobreza americana que vá à Espanha ou a algum país estrangeiro sem licença particular do Rei, a que raríssima vez se concede; verificando-se assim o tê-los aprisionados sem causa nem motivo algum, e o que é mais ainda oprimir também o entendimento com o infame tribunal da Inquisição, que proíbe quantos livros ou publicação útil apareçam capazes de ilustrar o entendimento humano, que assim procuram degradar, fazendo-lhe supersticioso, humilde e desprezível, por crassa ignorância.

Os povos de várias Províncias da América no desespero, com o excesso de tributos, injustiças e toda a sorte de abusos, se sublevaram em diversos períodos; mas sem conseguir o alívio que buscavam, porque vindo a submeter-se ao fim, aumentaram ainda mais suas calamidades [...].

Nessa situação, a América se crê com todo o direito de repelir uma dominação igualmente opressiva e tirânica e formar-se para si um governo livre, sábio e equitativo; com a forma que seja mais adaptável ao país, clima e índole de seus habitantes etc. [...]

Por si só, poderia a América verificar essa expulsão, sendo superior em população, e muito mais em riquezas que a Espanha, se se considera a extensão daquele continente, e as grandes distâncias que há de uma capital a outra, se se observa que não há caminhos para se comunicar por terra, sendo preciso ir por mar de uma a outra parte, e o que é mais ainda, o não haver em todos os domínios espanhóis daquele hemisfério uma única gazeta por onde comunicar as ocorrências de uma a outra Província; se vê que é impossível agir de acordo, e por consequência é indispensável para isso uma força marítima que preserve comunicações livres, e resista às que a Espanha envie a fim de obstruir esses desígnios.

A nenhuma potência isso é mais fácil que à Inglaterra, e sob os princípios da justiça da reciprocidade perfeita em relação à Espanha e a seus próprios interesses. A América tem um vastíssimo comércio a oferecer com preferência à Inglaterra; tem tesouros com que pagar pontualmente os serviços que lhe façam, e ainda para pagar uma parte essencial da dívida nacional desta nação; por cujas razões, julgando de mútuo interesse esses importantes assuntos, espera a América que, unindo-se por um pacto solene à Inglaterra, estabelecendo um governo livre, e semelhante, e combinando um plano de comércio reciprocamente vantajoso, venham estas duas nações a formar o mais respeitável e preponderante corpo político do mundo [...].

Em Londres, a 5 de março de 1790

D. Francisco de Miranda."

(Fonte: MIRANDA, F. de. *América espera*. Caracas: Biblioteca Ayacucho, 1982, pp. 104-6. Tradução do autor.)

A partir de 1792, Miranda se estabeleceu na frenética e tumultuada França revolucionária, onde se uniu, sem demora, à causa dos girondinos. Por sua atuação nas diversas batalhas que eclodiam a todo o momento no conflituoso panorama francês do período, entre as quais a de Valmy (1792), na qual lutara contra os exércitos prussianos e austríacos, ascendeu ao posto de general. Entre 1793 e 1794, com a tomada do poder pelos jacobinos, começou, entretanto, a ser perseguido e foi preso algumas vezes, não indo à guilhotina quase por obra do acaso. Nos anos seguintes, Miranda viveu proscrito nos arredores de Paris, temeroso de sua sorte, até 1798, quando, portando um passaporte falso e com a anuência do governo britânico, conseguiu retornar à Inglaterra.

Nas ilhas britânicas, Miranda retomaria seus contatos com o primeiro-ministro Pitt, reforçando seu pedido de apoio do governo da Grã-Bretanha para uma expedição de libertação da América hispânica. Nos círculos próximos ao primeiro-ministro, o venezuelano encontrava certa simpatia a seus projetos, em especial do secretário de guerra de Pitt, Henry Dundas, que, alguns poucos anos depois, receberia, de Sua Majestade Britânica, o título de *lord* Melville. Além de Dundas, outro personagem que demonstrava bastante interesse em relação às Américas e, especialmente, à região do Rio da Prata, por volta desses anos, era *sir* Home Popham, um graduado almirante da armada britânica que vinha atuando, de modo bastante ativo, nos principais conflitos nos quais a Grã-Bretanha se envolveu naqueles anos.

Em 1804, em um memorando que teria contado com a colaboração de Miranda, Popham ressaltava as vantagens econômicas que o Império Britânico poderia ter, caso retirasse os então territórios hispano-americanos das alçadas de Madri. Embora destacasse a importância dos enclaves no Pacífico, em especial, Valdívia, Valparaíso, Lima e Acapulco, afirmava, nesses planos, a centralidade, para os interesses britânicos, do Rio da Prata, que, de acordo com a sua análise, vinha sendo bastante cobiçado pelas demais potências europeias, e, em particular, pela França. Outro flanco a ser atacado pela Marinha inglesa deveria ser, segundo seu parecer, Caracas, porta de entrada para que se pudesse chegar também à Nova Granada e a Quito e, dali, ao Pacífico, onde as tropas encarregadas de tal missão receberiam suporte de esquadras provenientes da Índia.

Embora, em momento algum, Miranda ou Popham houvessem recebido autorização oficial do governo britânico para executar seu plano, a invasão à América espanhola era um assunto recorrente na corte de Londres, tendo sido debatido, por exemplo, em um almoço, em outubro de 1804, no qual estavam presentes Pitt, Melville, Popham e Miranda.

Mesmo sem receber apoio direto ou oficial de Sua Majestade Britânica, *sir* Home Popham seria, dois anos depois, um dos principais responsáveis pela primeira ocupação britânica de Buenos Aires em julho de 1806, realizada no mesmo ano da malfadada invasão de Miranda a La Vela de Coro, na capitania-geral da Venezuela.

TEMPOS REVOLTOS EM TIERRA-FIRME

Outrora uma periferia do Império Espanhol, a Venezuela, terra natal de Francisco de Miranda, havia sido uma região que, ao longo do século XVIII, começara a gerar importantes frutos econômicos para os governos bourbônicos em Madri. O cultivo do cacau, cujo monopólio passou a ser controlado desde Caracas, pela Companhia Guipuzcoana, a partir de 1728, representou um redesenho das partes orientais da chamada Tierra-Firme (*grosso modo*, os litorais caribenhos localizados entre o Panamá e a Venezuela). A presença da empresa basca nessa área, que se caracterizou pelo combate ao comércio ilegal e ao contrabando, em especial, com holandeses e ingleses, e pela importação massiva de escravizados africanos para o trabalho nas *plantations*, correu paralela à formação de uma poderosa aristocracia *criolla* nesses territórios.

Em teoria, a partir de 1717, a Venezuela passou a integrar uma jurisdição recém-concebida pelo governo bourbônico: o Vice-Reinado de Nova Granada. Embora essa primeira iniciativa de reorganização administrativa nas porções setentrionais da América do Sul tenha durado pouco tempo, apenas até 1723, essa estrutura foi restabelecida definitivamente em 1739, permanecendo viva até o fim do período colonial.

A constituição do Vice-Reinado de Nova Granada, sediado em Santa Fé de Bogotá, nas porções norte-orientais da cordilheira dos Andes, se dera, principalmente, em razão das claras dificuldades que Lima, estabelecida nas distantes margens do Pacífico, vinha demonstrando para governar e proteger entrepostos atlânticos tão importantes quanto o Panamá e Cartagena de Índias – portos constantemente atacados por piratas e corsários do noroeste europeu. Além do istmo panamenho, essa nova entidade administrativa deveria abarcar também as jurisdições da Audiência de Quito (atual Equador) e os litorais ocidentais e orientais da Tierra-Firme. Todavia, as dificuldades de navegação entre Panamá e Cartagena, nos litorais ocidentais, e os portos de Maracaibo e La Guaira, nas praias orientais, que resultaram, em um primeiro momento, na preservação de certa autonomia dessas regiões em relação a Bogotá, não deixaram também de se relacionar, mais adiante, com a criação, em 1777, de uma jurisdição específica voltada para o governo e a defesa militar dessa área: a capitania-geral da Venezuela.

Diante desse quadro caracterizado por certa autonomia em relação tanto a Madri quanto a Bogotá, grande parte das energias dos *criollos* descontentes e dos demais estratos sociais da região foi direcionada, ao menos em um primeiro momento, contra a atuação da Companhia Guipuzcoana de Caracas. No período em que esteve presente nos territórios venezuelanos, a empresa basca foi alvo de uma série de rebeliões desde a primeira metade do século XVIII, por exemplo, as lideradas por Andresote (1731-1733) e Juan Francisco de León (1748-1752), mencionadas no capítulo anterior, em que além dos setores populares, dos quais faziam parte muitos negros, *cimarrones* e mestiços, atuaram também as elites *criollas*, apoiadas, em geral, por interesses estrangeiros, em especial, de holandeses e britânicos. Nos últimos anos desse século, entretanto, com a implantação da capitania-geral, em 1777, e a supressão dos monopólios do cacau e, em consequência, a saída da Companhia Guipuzcoana da Venezuela, em 1785, as revoltas e as rebeliões na região começavam a mirar em outras direções.

Ao longo da década de 1770, uma série de pequenas manifestações contra os abusos das reformas tributárias de Carlos III passaram a ser vistas, com certa recorrência, em diversos pontos das jurisdições venezuelanas. Em 1781, cidades como San Cristóbal, Lobatera e La Grita, localizadas hoje no atual estado de Táchira, nos Andes venezuelanos, à época uma zona de fronteira entre as autoridades de Santa Fé de Bogotá e Caracas, vivenciaram levantes que repercutiam, em escala local, a Revolta dos Comuneros, iniciada em Socorro, no Vice-Reinado de Nova Granada, pouco antes. Em La Grita, caixas reais foram saqueadas, funcionários da Coroa foram presos e o *estanco* do tabaco foi confiscado e repartido entre os revoltosos. Mérida, a maior cidade das redondezas, também localizada na região andina, foi, nesse contexto, tomada por um grupo de *criollos* liderados por Juan José García de Hevia. Entretanto, esse levante não durou muito tempo, sendo submetido, em poucos dias, por forças enviadas por Maracaibo e Caracas a essa localidade.

Para além das revoltas contra as medidas encampadas no quadro das Reformas Bourbônicas, começavam a chegar a várias regiões das Américas, em meados da década de 1790, ecos dos eventos que vinham agitando a ilha de São Domingos desde 1791. Em maio de 1795, na região de Curimagua, nas porções norte-ocidentais da Venezuela, o *zambo* José Leonardo Chirino e o negro africano José Caridad González lideraram uma sublevação que se espraiara por inúmeras *haciendas*, nas proximidades de Coro.

Inspirados na Revolução de São Domingos, no atual Haiti, os revoltosos defendiam a implantação da república, a abolição da escravidão, o fim dos privilégios e a revogação das *alcabalas*. Esse movimento foi violentamente reprimido pelas autoridades corianas e seus líderes perseguidos. Enquanto González, ao que tudo indica, teria sido assassinado em meio a uma fuga, Chirino foi preso, enviado a Caracas e condenado à morte em dezembro de 1796. Para além do infortúnio imposto ao *zambo* venezuelano, sua esposa María de los Dolores e seus três filhos também foram encarcerados, reescravizados e vendidos novamente no mercado de cativos. Mesmo com a repressão no que concerne à sublevação comandada por Chirino e González, manteve-se, na Venezuela, até cerca de 1799, um clima de revolta disseminado pelo território, que continuou a se fazer sentir, pelos anos seguintes, com confrontos em localidades como Cumaná, Carúpano, Cariaco, Rio Caribe e Maracaibo. Embora os eventos do que viria a se constituir como o Haiti tivessem bastante eco no Caribe venezuelano, dada a proximidade que possuía com São Domingos, bem como a sua estrutura social e econômica vinculada também à escravidão africana, não eram apenas os escravizados, *cimarrones*, negros e mestiços que vinham demonstrando insatisfação no que tange à autoridade espanhola nesse fim de século XVIII. As críticas em relação aos excessos tributários da Coroa, que haviam se agravado a partir das Reformas Bourbônicas, apareciam frequentemente nas reclamações dos súditos de Madri dos mais diversos setores sociais. Além disso, em meio a esse quadro de guerra e revolução global, passaram a eclodir com frequência, também na península ibérica, movimentos que começavam a defender o enfrentamento ao rei espanhol Carlos IV (1788-1808) e o estabelecimento de uma forma de governo que se baseasse no "sistema francês", ou seja, na república.

No início de 1795, alguns republicanos espanhóis, entre os quais muitos letrados e professores de colégios peninsulares, iniciaram uma conjuração contra o trono de Madri, descoberta, entretanto, pelas autoridades monárquicas antes de ser executada. Os principais cabeças dessa intentona, conhecida como Conspiração de San Blas, Juan Bautista Picornell, Manuel Cortés Campomanes, José Laz e Sebastián Andrés, foram condenados à prisão e ao degredo no Novo Mundo, sendo enviados para um cárcere em La Guaira, na Venezuela. Nessa região portuária, localizada nos arredores de Caracas, os revoltosos se aproximaram de dois antigos militares *criollos*, Manuel Gual e José María España, com os quais passaram a conspirar em favor de uma revolução republicana na Venezuela a ser iniciada em 16 de julho de 1797. Assim como ocorrera anteriormente na península, a trama, que envolvia *pardos*, brancos pobres, pequenos comerciantes e artesãos e militares de baixa patente, foi descoberta, antes de sua execução, pelas autoridades coloniais. España foi preso e condenado à execução sumária em 1799; já Gual, a despeito de ter conseguido fugir para Trinidad, foi encontrado, no ano seguinte, em 1800, morto por envenenamento ainda quando estava na ilha caribenha.

Embora muito próximas no tempo, as revoltas envolvendo os *comuneros* dos Andes venezuelanos, por um lado, e os levantes dos escravizados, libertos e *cimarrones* de Coro, bem como dos conspiradores de La Guaira, por outro, apresentam naturezas bastante diferentes. Enquanto as rebeliões inspiradas por Socorro, pautadas nas críticas aos abusos que vinham sendo praticados pelas autoridades reais, em especial, por sua sanha em relação à arrecadação de tributos, estavam balizadas ainda sob a divisa "Viva o rei, morra o mau governo!", tanto nas sedições lideradas por Chirino e González quanto na conjuração de Gual e España, já era possível perceber uma mudança nas expectativas dos rebeldes. Fosse em razão das notícias que chegavam do Caribe, fosse das que atravessavam o Atlântico, o rompimento com a Coroa e a constituição de governos republicanos já começavam a se constituir como horizontes possíveis para os súditos da Monarquia Católica por volta desses anos.

Além dos eventos que vinham colocando o território da capitania-geral em polvorosa, na Europa, Francisco de Miranda seguia com suas negociações e conversas com as autoridades britânicas com o intuito de promover uma expedição à Venezuela. Durante pouco mais de um ano, entre março de 1802 e maio de 1803, enquanto vigorou a chamada Paz de Amiens com a França (com a Espanha se estenderia ainda até meados de 1804), quando cessaram as hostilidades entre britânicos, franceses e espanhóis, os planos de invasão às possessões da Monarquia Católica com o apoio logístico, militar e financeiro de Londres se tornaram, para Miranda, um objetivo distante. Entretanto, o rompimento dessa trégua deu novas esperanças ao *criollo* venezuelano.

Por esse período, começaram a desembarcar na Grã-Bretanha notícias referentes ao conturbado quadro caribenho. Por intermédio de um comerciante de Trinidad que havia chegado a Londres, chamado Fitzwilliam, começou a correr um boato na capital britânica de que um grupo de venezuelanos estaria se encaminhando à ilha de São Domingos para pedir apoio dos revolucionários do Haiti em suas rebeliões locais contra o domínio espanhol. Ao tomar conhecimento dessa história, Miranda, um defensor da emancipação da América espanhola, ao mesmo tempo que um profundo crítico de revoluções sociais com colorações mais radicais, começou a pressionar o governo inglês para que financiasse com certa celeridade sua expedição ao Novo Mundo, a fim de que os haitianos não chegassem antes. Os britânicos tinham óbvios interesses sobre a América espanhola, quanto mais em um quadro de guerra com Madri. Contudo, além de não confiarem em um sul-americano para a chefia de uma missão tão importante, sabiam que qualquer movimento poderia se tornar um caminho sem volta em meio a um xadrez atlântico, no qual ainda almejavam alguma possibilidade de tirar a Espanha das órbitas de Napoleão Bonaparte.

Decepcionado com o pouco empenho de Londres em sua iniciativa, Miranda passou a estabelecer diálogos cada vez mais frequentes com seus contatos nos Estados Unidos. Em 1805, com a anuência do gabinete britânico, o caraquenho retornou à América do Norte em busca de financiamento para sua empreitada sul-americana. Ao chegar a Washington, encontrou-se pessoalmente com o presidente Thomas Jefferson e com James Madison, seu secretário de Estado. Madison entendia que, embora não fosse adequado que o governo federal norte-americano apoiasse, ao menos de modo oficial, essa inusitada empreitada, não haveria qualquer oposição caso o venezuelano conseguisse investimento de particulares para a sua aventura. Em Nova York, além de obter, de um negociante privado, o bergantim *Leander*, Miranda conseguiu arregimentar também cerca de duas centenas de voluntários e mercenários. No início de 1806, com sua modesta esquadra, partiu para libertar a América.

A viagem em direção à Venezuela não foi tranquila, em especial pela série de desavenças entre Miranda e Thomas Lewis, o capitão do navio. Após o fracasso da ocupação de Ocumare, nas proximidades de Puerto Cabello, e da busca por reforços, suprimentos e armas em Trinidad, a expedição seguiu para La Vela de Coro, onde ele e sua tripulação desembarcaram em 3 de agosto de 1806. Diante da chegada dos invasores, o porto habitado por indígenas e por alguns *criollos* e mestiços foi imediatamente evacuado, abrindo espaço para uma ocupação relativamente rápida da área. Após tomar o fortim e se apropriar das munições do local, Miranda mandou içar a bandeira tricolor, amarela, azul e vermelha, que idealizara para o novo país que pretendia construir, cujo nome, *Colombia*, homenagearia Colombo, o navegador genovês que chegara ao Caribe pouco mais de quatro séculos antes.

Nos dias que se seguiram, enquanto Miranda buscava um acordo com o *ayuntamiento* (uma espécie de prefeitura da localidade), argumentando que não deveria haver derramamento de sangue, os *vecinos* (*criollos* habilitados à participação política local) e indígenas da região, liderados pelo governador de Coro, Juan de Salas, preparavam a resistência, enquanto esperavam também o envio de reforços vindos de outras áreas, como Maracaibo, Barquisimeto, Corona e El Tocuyo. Miranda, que esperava tomar Caracas em menos de um mês, não contava, entretanto, que a revolução não viesse ao seu encontro. Com as entradas de La Vela de Coro bloqueadas pela ação de Salas, impedindo a chegada de suprimentos e água aos insurgentes, e sem qualquer apoio local, a expedição abandonou as praias venezuelanas, partindo para Aruba no dia 13 daquele mesmo mês de 1806. Após fixar-se, pouco tempo depois, em Trinidad, retornou a Londres em novembro do ano seguinte, onde retomaria seus planos de libertar o Novo Mundo.

Miranda regressaria à América alguns anos depois, dessa vez, em um novo contexto revolucionário, bastante diferente do que encontrara em Coro. Todavia, ainda em 1806, paralelamente à sua investida sobre a capitania-geral da Venezuela, um antigo conhecido seu, dos tempos de Londres, o almirante Home Popham, dava seguimento a um plano que haviam urdido, de alguma forma, em conjunto. Poucos dias antes da malfadada tomada de La Vela de Coro pelo *criollo* caraquenho, começava, mais ao sul do continente, uma outra aventura britânica sobre uma região que – nos quadros da revolução e da guerra global em que todos eles estavam envolvidos – era talvez ainda mais estratégica que os portos venezuelanos. No dia 27 de julho de 1806, Popham, juntamente ao comandante William Carr Beresford, iniciou uma invasão a Buenos Aires, na desembocadura do rio da Prata.

AS GUERRAS ATLÂNTICAS CHEGAM AO PRATA

Nas margens ocidentais do Prata, onde há apenas poucas décadas se localizava um pequeno povoado na periferia do Império Espanhol, habitado por algumas centenas de moradores *criollos*, mestiços e indígenas, começaria a se desenvolver, de modo um tanto inesperado, uma série de eventos que colocariam a cidade portenha na rota dos principais conflitos globais da primeira década do século XIX. Em 27 de julho de 1806, Buenos Aires, a capital do mais jovem vice-reinado da América espanhola, estabelecido cerca de 30 anos antes, entre 1776 e 1777, foi ocupada por uma frota britânica, composta por mais de 1.500 soldados, liderada por *sir* Home Popham e pelo brigadeiro William Carr Beresford. Desprotegida, a capital platina caiu sem muitas dificuldades para as forças inglesas, enquanto o vice-rei Rafael de Sobremonte fugia para Córdoba, no interior do continente, de onde pretendia comandar a resistência aos invasores.

Mais de dois séculos antes, Buenos Aires surgira, nas partes meridionais dos domínios ultramarinos de Castela nas Índias Ocidentais, como um povoamento bastante remoto. Nos primórdios da colonização, no século XVI, consta que a cidade foi fundada em duas ocasiões antes de poder vingar definitivamente. A primeira por Pedro de Mendoza, em 1536. A segunda, algumas décadas depois, em 1580, por Juan de Garay, após a povoação inicial ser abandonada em 1541. Não obstante, essa região, bastante periférica no âmbito dos territórios castelhanos nas Américas, começaria a ganhar alguma relevância nos quadros do Império Espanhol em fins do século XVII, em grande medida, em razão das constantes disputas com portugueses e luso-brasileiros que começavam a circular por lá com certa regularidade. Esses conflitos se intensificaram, principalmente, a partir de 1680, com a fundação, nas margens orientais do rio da Prata, pelos súditos de Lisboa, da Colônia do Sacramento.

A partir de então, os espaços platinos passaram a constituir um importante alvo de querelas fronteiriças entre espanhóis e hispano-americanos, de um lado, e portugueses e luso-brasileiros, de outro, bem como um relevante núcleo do comércio lícito e ilícito de couro e pessoas escravizadas. Em meados do século XVIII, além da Colônia do Sacramento, a região dos Sete Povos das Missões (no atual Rio Grande do Sul), a leste do rio Uruguai, passou a também ser alvo de litígio entre as duas monarquias ibéricas, produzindo ataques mútuos, enfrentamentos militares e negociações diplomáticas entre as Coroas de Madri e Lisboa.

Por volta desse período, a região do Rio da Prata já havia se tornado uma rota importante do comércio ilegal e do contrabando para onde fluía grande parte das riquezas produzidas por Potosí. Além de ser visitada frequentemente por corsários britânicos e traficantes portugueses e luso-brasileiros, a região no entorno dos rios Paraguai, Paraná e Uruguai também se caracterizava pela presença marcante dos jesuítas e por uma grande população indígena, composta, em grande medida, por guaranis e querandís.

Em especial, a partir de 1730, com o crescimento da produção de prata no Alto Peru e a ampliação das navegações em direção ao Pacífico por meio do Cabo Horn, no extremo meridional da América do Sul, o governo de Madri começou a demonstrar preocupação com a região, cuja importância econômica e estratégica era crescente. Assim, no quadro mais geral das disputas imperiais do século XVIII, foi criado em 1776 – e instituído definitivamente em 1777 no âmbito das Reformas Bourbônicas – o Vice-Reinado do Rio da Prata, sediado em Buenos Aires, o último entre aqueles que haviam sido criados até então nos âmbitos do Império Espanhol, os da Nova Espanha e do Peru, estabelecidos na primeira metade do século XVI, e o da Nova Granada, instituído algumas décadas antes, já no século XVIII.

Outrora perdida nos confins do Império Espanhol, Buenos Aires se tornou, assim, em fins do século XVIII, a cabeça de um vasto território que se estendia do Alto Peru, ao norte, à Patagônia, ao sul, e do oceano Atlântico, a leste, à cordilheira dos Andes, a oeste. Por volta dessa época, Lima, que já havia perdido ingerência em relação aos entornos do Panamá e de Cartagena de Índias – colocados, na primeira metade daquele século, sob a autoridade de Santa Fé de Bogotá –, foi relegada aos assuntos vinculados ao oceano Pacífico, deixando de ter influência, inclusive, sobre a parte mais rica da América do Sul, os entornos argentíferos do Cerro Rico de Potosí, agora sob os auspícios do Vice-Reinado do Rio da Prata. Ainda nesse período, os portenhos se beneficiaram também, em meio às ações do reformismo bourbônico, do fim do sistema de porto único e dos monopólios comerciais, de medidas que inseriram definitivamente a cidade de Buenos Aires nos circuitos das mercadorias e das circulações atlânticas.

A invasão britânica a Buenos Aires, em 1806, desdobramento do protagonismo que passou a ser conferido à região do Rio da Prata, não pode ser interpretada apenas como um evento relacionado às dinâmicas internas e específicas do Império governado por Madri, mas também como um movimento vinculado às disputas globais nas quais a Espanha e seus territórios ultramarinos se viam, direta ou indiretamente, implicados por volta dessa época. Nesse quadro, Buenos Aires vinha se apresentando como uma praça bastante sedutora à Grã-Bretanha em virtude não somente de sua localização estratégica para as comunicações, via Cabo Horn, entre o Atlântico e o Pacífico, mas também pela debilidade de suas defesas em termos militares, questão não solucionada mesmo após a criação do Vice-Reinado do Rio da Prata.

Em meio ao isolamento da Espanha em relação aos seus territórios ultramarinos, que se prolongava desde 1796 e que encontrara seu momento de maior tensão, ao menos até então, com a derrota franco-espanhola em Trafalgar, em 1805, um inesperado ataque colocaria os portenhos na rota das guerras globais envolvendo a Inglaterra e Napoleão Bonaparte. Em 1806, uma expedição britânica sob o comando de Home Popham achou por bem invadir, aparentemente sem a prévia autorização do governo inglês, o porto e a capital platina. Mesmo sem o apoio oficial de Londres, a queda sem grande resistência de Buenos Aires, em 26 de julho de 1806, foi logo saudada pela Coroa britânica, necessitada de mercados para sua crescente produção industrial e de praças estratégicas para sua guerra global contra o imperador francês. De modo geral, Popham via seu empreendimento no Prata como uma ação articulada aos projetos de Miranda. Para além da intrínseca importância de Buenos Aires para os interesses britânicos no Atlântico Sul, esse enclave meridional deveria servir também como suporte para o empreendimento do general venezuelano em Caracas e Santa Fé de Bogotá.

Em meio à chegada das frotas da Grã-Bretanha a Buenos Aires e à fuga do vice-rei Sobremonte para Córdoba, boa parte das autoridades civis e eclesiásticas, bem como muitos *vecinos* e comerciantes, reconheceu a capitulação da cidade, o novo governo encabeçado por Beresford e a autoridade de Sua Majestade Britânica sobre os territórios platinos. Contudo, além das movimentações do vice-rei, que implantara provisoriamente a capital no interior do continente enquanto a cidade portenha estivesse ocupada, um foco de resistência começou a se organizar, às margens do Prata, comandado pelo francês a serviço da Monarquia Católica, Santiago de Liniers, pelo *criollo* Juan Martín de Pueyrredón e pelo espanhol Martín de Alzaga. Além de *alcalde* do *cabildo* (espécie de câmara municipal) de

Buenos Aires, Alzaga era um importante comerciante da região incomodado com a imposição, pelos britânicos, do livre-comércio sobre o porto platino, a seu ver, prejudicial aos mercadores locais.

Após arregimentarem reforços vindos das margens orientais do Prata, em especial, de Montevidéu, e articularem destacamentos formados localmente, Liniers e Pueyrredón passaram a dispor de um improvisado, mas aguerrido, exército para combater uma ocupação britânica que ainda não havia recebido os reforços militares que solicitara à sua Coroa em Londres. Nos primeiros dias de agosto de 1806, os conflitos entre as tropas rivais se iniciaram de modo mais intenso, culminando com uma batalha campal travada nas ruas de Buenos Aires, vencida, no dia 12 daquele mês, pelas milícias portenhas.

Mesmo com a existência de algumas fissuras latentes entre *criollos* e *peninsulares*, que vinham se produzindo no quadro mais geral das reformas bourbônicas, ambos os grupos haviam atuado de forma conjunta para expulsar os invasores. O recuo britânico não significou uma diminuição nas tensões existentes entre os vários setores das populações locais. As desconfianças mútuas envolvendo as autoridades espanholas, o vice-rei, o *cabildo*, os *vecinos* e os moradores de Buenos Aires haviam se tornado evidentes em meio aos conflitos contra os ingleses. Em vista disso, dois dias após a rendição dos súditos de Londres, com o crescimento das críticas em relação à postura do vice-rei Sobremonte, em especial, entre as milícias que haviam deposto Beresford, as autoridades portenhas decidiram convocar um instrumento que seria bastante mobilizado nos anos seguintes: o *cabildo abierto*.

Os *cabildos abiertos* se constituíam em vias de representação convocadas sazonalmente na América colonial, em geral, na forma de assembleias mobilizadas em situações de crise ou emergência, que contavam com a participação dos setores considerados mais importantes das municipalidades, ou seja, os *vecinos*, os funcionários reais, os clérigos e os comandantes militares. Na reunião realizada no dia 14 de agosto, foram tomadas duas decisões principais: a organização e o fortalecimento das milícias recém-criadas para a defesa em relação às invasões britânicas; e a entrega do poder político e militar de Buenos Aires a Santiago de Liniers, um dos principais líderes da resistência à ocupação que havia sido há poucos dias expulsa. Os poderes de Liniers aumentariam ainda mais nos meses seguintes, em especial, após fevereiro de 1807, quando uma junta de guerra convocada pelo *cabildo* e pela Audiência deliberou pela deposição e pela prisão do vice-rei Sobremonte, acusado de abandonar a capital desguarnecida e sem defesas aos britânicos. Essa resolução foi responsável por concentrar o poder ainda mais nas mãos do capitão francês, fortalecendo, por um lado, a reputação e a autoridade do *cabildo* e enfraquecendo, por outro, a figura do vice-rei.

Não obstante, a ameaça invasora não havia se dissipado. Em fins de outubro de 1806, ou seja, pouco mais de dois meses após a vitória militar dos portenhos, começaram a chegar ao Prata os reforços que haviam sido solicitados então por Beresford ao governo de Londres. Em fevereiro do ano seguinte, os britânicos ocuparam Montevidéu e, meses depois, em junho, sob o comando do tenente-general John Whitelocke, começaram a marchar em direção a Buenos Aires. Em 6 de julho de 1807, após intensas batalhas, as tropas inglesas foram definitivamente derrotadas, em especial, por meio da ação das milícias compostas por milhares de soldados, entre os quais se encontravam *peninsulares*, *criollos*, mestiços e negros. Lideradas, nessas contendas, por Liniers e Alzaga, essas milícias que haviam sido organizadas e encorpadas ao longo dos meses, encontravam-se mais bem estruturadas e preparadas que à época da primeira invasão. Após a vitória portenha, a capital do Vice-Reinado do Rio da Prata viveu dias de intensa euforia: escravizados que haviam lutado na defesa da cidade foram libertados, honras fúnebres aos mortos foram celebradas e graças foram dadas.

A vitória portenha sobre as invasões britânicas a Buenos Aires, em 1806 e 1807, é, ainda hoje, exaltada na Argentina como um marco de sua história nacional. (*Ataque por los ingleses a Buenos Aires*, Madrid Martínez, 1807, Casa Rosada, Buenos Aires, Argentina)

Buenos Aires, no entanto, nunca seria a mesma depois da reconquista da cidade. As milícias, formadas, ao menos em sua base, por um forte componente popular (ou, nos termos da época, por setores do *bajo pueblo*), organizadas às pressas em 1806 e consolidadas como forças fundamentais a partir de 1807, passaram a se constituir como um elemento atuante, influente e constantemente presente nos principais eventos políticos da capital platina. Os portenhos, que não puderam contar com o envio de quaisquer forças vindas da península que os auxiliassem na defesa da capital, passaram a conceber sua própria importância para a manutenção da integridade do Império. Diante disso, além da constatação acerca das fragilidades da instituição vice-reinal nas margens do Prata, uma noção de autonomia também começou a se fazer presente naquelas paragens da América.

A criação do Vice-Reinado do Rio da Prata, idealizada no sentido de promover a integração e o fortalecimento dos laços da região com o governo de Madri, não foi capaz de cumprir esse objetivo. Isso ficou evidente em meio aos desdobramentos da invasão britânica. Nos anos seguintes, Buenos Aires, preparada pelos acontecimentos de 1806 e 1807, ocuparia uma posição importante nos intensos conflitos que teriam palco na América após 1808.

DE TRAFALGAR A BAIONA

Ao chegarem à Venezuela as notícias da vitória das milícias de Buenos Aires sobre as invasões inglesas, diversas celebrações religiosas foram realizadas para exaltar o triunfo portenho sobre as tropas estrangeiras. Em Londres, por sua vez, Popham, que culpava então Beresford pelo fracasso de sua aventura no Atlântico Sul, foi julgado por sua voluntariosa expedição, sofrendo apenas uma reprimenda por parte do gabinete londrino e do comando militar de seu país. Em compensação, foi presenteado pelos negociantes da *City*, principal centro financeiro da corte, com uma espada de honra, em reconhecimento aos seus serviços em busca de novos mercados para o comércio de Sua Majestade Britânica. Na Inglaterra, a despeito do malfadado périplo de Popham e Beresford no Prata, começava a se formar uma corrente de opinião que, embora desconfiasse profundamente das ações de Miranda, defendia uma participação mais efetiva dos britânicos nas emancipações dos territórios hispano-americanos em relação a Madri.

Desde 1797, quando as tropas do almirante britânico Horatio Nelson bloquearam o porto de Cádiz, ferindo de morte o comércio e as comunicações entre a Espanha e as Américas, as circulações atlânticas entre os territórios peninsulares e hispano-americanos se viram profundamente prejudicadas, favorecendo as trocas mercantis de entrepostos como Havana ou La Guaira com os chamados países neutros, entre os quais os Estados Unidos. Embora a Paz de Amiens, entre 1802 e 1804, tenha restabelecido parte das relações comerciais e administrativas entre a metrópole ibérica e seus territórios hispano-americanos, esses circuitos jamais retornariam a ser o que eram antes. A volta dos enfrentamentos entre ingleses e espanhóis, cujo ponto máximo fora a Batalha de Trafalgar, em 1805, resultou no fim definitivo dos monopólios comerciais entre a península e o Novo Mundo, esgarçando, de maneira evidente, a autoridade de Madri sobre os territórios ultramarinos da Monarquia Católica. Ainda que essa situação possa parecer, em um primeiro momento, um prenúncio de rompimento entre as diversas partes do Império Espanhol, na verdade, pode-se interpretá-la em um sentido diferente. Mais que fomentar as lutas por independência, esse novo quadro contribuiu para desenvolver, nos territórios do Novo Mundo, um senso de autonomia, uma compreensão acerca da importância dos hispano-americanos para a manutenção da unidade imperial espanhola e uma concepção acerca da necessidade de repactuar os laços com a península, fomentando a defesa de um balanço de poder que se constituísse como mais favorável às populações que habitavam a América.

Como resposta à derrota franco-espanhola em Trafalgar, Napoleão Bonaparte buscou impor, no ano seguinte, aos diversos Estados europeus, uma política que pretendia isolar militar e comercialmente a Inglaterra do restante da Europa, conhecida como Bloqueio Continental. Em 1806, mesmo ano das investidas de Miranda e Popham sobre a América do Sul, Carlos IV e seu principal ministro, Manuel Godoy, aderiram à medida napoleônica sem prever, entretanto, que seu destino começava a ser selado em meio ao movimento das peças no tabuleiro europeu.

Nesse quadro mais geral, a península ibérica era vista pelo Império Francês como essencial em seus planos de derrotar a Grã-Bretanha. Entrepostos como Barcelona, Cádiz, Lisboa e o Porto, por sua posição estratégica na navegação atlântica e mediterrânica, eram entendidos como fundamentais para que o bloqueio funcionasse. Embora os espanhóis estivessem alinhados à França desde 1795, Portugal, em geral, mais próximo dos britânicos, prezava ainda pela neutralidade. Em 1807, ambicionando ocupar os territórios lusitanos, o imperador francês firmara secretamente, com o ministro Godoy, um tratado em Fontainebleau, que previa a invasão e a divisão dos territórios portugueses, a partir da Espanha.

Pressionado pelos britânicos no Atlântico e pelos franceses na Espanha, D. João, príncipe-regente que governava em Lisboa em nome de sua mãe, D. Maria I, optou por escapar para a América, onde preservaria a parte mais rica de seu Império, que seria protegida pelos ingleses, bem como sua cabeça, ameaçada pelos franceses. Enquanto permanecesse no Rio de Janeiro, a resistência portuguesa na península seria comandada, durante as Guerras Napoleônicas, pelo duque de Wellington e por William Carr Beresford, o mesmo que pouco tempo antes governara a Buenos Aires ocupada em 1806.

Em março de 1808, em meio à crise instaurada na península ibérica, um motim em Aranjuez, em Madri, desencadearia uma série de eventos que seriam fundamentais nos anos seguintes. Carlos IV pretendia seguir o exemplo de D. João e embarcar para o Novo Mundo, entretanto, tal migração nunca ocorreu. Em meio à sublevação de Aranjuez, o ministro Manuel Godoy, então bastante impopular, foi preso pelos insurgentes, enquanto o monarca foi forçado a abdicar de sua Coroa em favor de seu filho, o príncipe de Astúrias, Fernando de Bourbon, coroado como Fernando VII.

O novo soberano, que, meses antes, em outubro de 1807, havia conspirado contra o seu pai, a sua mãe, a rainha Maria Luísa de Parma, e o ministro Manuel Godoy, sabia que não conseguiria governar sem o apoio de Napoleão. No mês seguinte, em abril, foi ao encontro do imperador francês em Baiona, na França, nas proximidades da fronteira espanhola. Nessa cidade, no início de maio, após uma série de idas e vidas, tanto Carlos, que também atravessara os Pirineus para se encontrar com o imperador francês, quanto Fernando terminaram abdicando de seu trono em favor de Napoleão, que o cederia, em seguida, ao seu irmão, José Bonaparte, coroado como José I.

Como vimos neste capítulo, os laços que uniam os domínios espanhóis dos dois lados do Atlântico já vinham sendo esgarçados, tanto pelas guerras entre espanhóis, ingleses e franceses, que se prolongavam desde 1795, quanto pelas primeiras menções a uma separação entre os territórios governados por Madri, que começavam a ser ouvidas dos dois lados do Atlântico. Ainda assim, 1808 é um divisor de águas nas relações entre a Espanha e as Américas. A crise de legitimidade promovida pelas abdicações de Baiona desencadeou, nos tempos mais imediatos da política, uma série de acontecimentos que, mais adiante, levariam a um processo de dissolução das relações entre as diversas partes do Novo Mundo e sua antiga metrópole.

As revoluções que começariam a ocorrer nos antigos territórios da Monarquia Católica nas Américas, nos anos seguintes, embora estivessem intrinsecamente imbricadas com os acontecimentos do Mundo Atlântico nesse período, em especial, com as guerras e as revoluções provocadas pela Revolução Francesa, não podem ser consideradas frutos diretos das vontades europeias, das ideias francesas e dos interesses comerciais britânicos. As "vontades europeias" eram múltiplas e contraditórias nesse período, revelando disputas e projetos bastante diversos para as Américas. As "ideias francesas" também apresentavam ambiguidades com suas diversas faces, de Napoleão Bonaparte à Revolução Haitiana. Os "interesses comerciais britânicos" evidenciavam, por sua vez, uma série de ambivalências condicionadas pelos jogos da diplomacia e pelas conjunturas das alianças fluidas que se faziam e desfaziam em razão de guerras e revoluções que vinham ocorrendo por volta dessa época.

Miranda seguia observando, de Londres, os desdobramentos dos eventos em Madri e Caracas. Nos primeiros anos das lutas por independência nas Américas, seria chamado a ocupar uma posição de destaque. Entretanto, seu destino no Novo Mundo estava longe de ser a glória.

A trajetória de Miranda se apresenta, contudo, como um bom ponto de partida para se refletir sobre o lugar das Américas em uma História Global da "Era das Revoluções", marcada por circulações, conexões e intercâmbios entre os dois lados do Atlântico. O percurso do "precursor das independências" é capaz, mesmo que por vias tortas, de costurar os fios que unem uma invasão malsucedida à Venezuela à formação de milícias patrióticas e a queda de um vice-rei no Rio da Prata aos investimentos arriscados de alguns negociantes de Nova York e aos complôs de conquista da América que circulavam entre os poderosos que orbitavam em torno do gabinete de Londres. Além disso, evidencia que a possibilidade de se conceber a independência do Novo Mundo não era algo óbvio, mas uma construção moldada no calor dos acontecimentos ao longo das últimas décadas do século XVIII e das primeiras do XIX, articulada em Londres, Paris ou Washington, mas também nas partes mais recônditas do Caribe, do Prata ou da Nova Espanha.

Como veremos no próximo capítulo, entre 1808 e 1810, algumas concepções começaram a colocar em xeque as relações entre a península ibérica e seus territórios do Novo Mundo. Em meio ao quadro de profundas transformações no Mundo Atlântico do início do século XIX, em Dolores, no Vice-Reinado da Nova Espanha, fez-se ouvir um brado que entraria para a História.

"Morram os traidores! Viva Fernando VII!"

DOLORES, NOVA ESPANHA, 1810

Na madrugada do dia 15 para o dia 16 de setembro de 1810, começaria uma insurgência na Nova Espanha que se prolongaria por anos. Nessa data, Miguel Hidalgo y Costilla (1753-1811), um *cura* (padre) do povoado de Dolores, nos arredores de Guanajuato, localizado a cerca de 30 léguas ao norte da Cidade do México, soltara todos os prisioneiros de seu *pueblo* com a condição de que lutassem sob suas ordens. Logo depois, encarcerou todos os espanhóis de origem peninsular das redondezas, dando pistas sobre o que estava por vir. Às cinco da manhã mandou tocar o sino da igreja, como de costume, para chamar os fiéis para a primeira missa do dia. Contudo, na frente da paróquia, o padre insurgente convocou a população a lutar contra os desmandos dos *peninsulares* com o grito de "Morra o mau governo! Viva a Santíssima Virgem de Guadalupe! Viva Fernando VII! Viva a Religião Católica!".

A multidão que foi se formando, composta em grande medida por indígenas e mestiços, aclamou a exortação, armou-se de paus, pedras e ferramentas e atendeu ao chamamento do *cura*. Esse evento ocorrido no dia 16 de setembro de 1810 é conhecido até hoje pelos mexicanos como o "Grito de Dolores" e representa, no imaginário popular e na História oficial do México, o marco inicial das lutas por independência naquele país. Entretanto, assim como muitos líderes rebeldes da segunda metade do século XVIII, que protestavam contra os desmandos das Reformas Bourbônicas, Hidalgo não pretendia, ao menos inicialmente, com seu levante separar a Nova Espanha ou a região de Guanajuato da Monarquia Católica. Ele pregava, como tantos nas décadas anteriores, a morte do "mau governo", ao mesmo tempo que exaltava o Rei, a Igreja Católica e um de seus principais símbolos no México: a Virgem de Guadalupe.

Miguel Hidalgo era um *criollo* nascido em Guanajuato, cidade localizada a algumas dezenas de léguas a noroeste da Cidade do México, então capital do populoso, poderoso e rico Vice-Reinado da Nova Espanha. Estabelecido em 1535, esse vice-reinado ocupava à época, além do atual território mexicano, as superfícies que correspondem hoje ao sudoeste dos Estados Unidos, da Califórnia ao Texas. Era banhado pelos oceanos Atlântico e Pacífico, permitindo-lhe intercâmbios comerciais tanto por meio de Veracruz, em suas margens atlânticas, quanto por Acapulco, no Pacífico, por onde se comunicava, por exemplo, com os mercados asiáticos, por intermédio de suas conexões com o porto de Manila, nas Filipinas. Com uma população de mais de 6 milhões de habitantes (mais de um terço de todo o Império ultramarino espanhol no início do século XIX) e uma economia que se direcionava, em grande medida, para o mercado externo, especialmente por causa da mineração, essa região era vista como a joia da Coroa espanhola no Novo Mundo às vésperas das independências.

Estima-se que a população da Nova Espanha era formada, no alvorecer do século XIX, por uma grande maioria de indígenas e *castas* (mestiços) e uma pequena minoria de brancos – cerca de apenas um quinto dos habitantes do vice-reinado eram *criollos* ou *peninsulares*, estes últimos também chamados na região novo-hispana de *gachupines*. Como em grande parte da América espanhola, após as Reformas Bourbônicas, aos espanhóis nascidos na Europa estava reservada a maior parte dos principais cargos e posições da administração colonial, da Igreja, do Exército e do comércio ultramarino.

Mapa 3 – México às vésperas de sua independência

Maior parcela entre os brancos, os *criollos* não formavam uma massa homogênea. Enquanto as "elites *criollas*" eram compostas pelos donos de minas, comerciantes, muitos dos quais vinculados ao mercado interno, e proprietários de terra, em uma posição abaixo na escala social encontravam-se advogados, empregados de quadros inferiores da administração vice-reinal e o baixo clero. Embora em número muito maior que os *peninsulares*, poucos *criollos* da Nova Espanha chegavam aos principais postos administrativos civis e eclesiásticos, em especial depois das inúmeras medidas implantadas pelos Bourbon na segunda metade do século XVIII.

A maior da parte da população, como vimos, era composta por indígenas e *castas* (mestiços) que, por conta da existência de uma legislação espanhola específica para tais grupos e por sua condição de extrema pobreza, estavam excluídos da participação na administração colonial e não podiam sequer ser membros do clero. Na zona rural, eram principalmente peões (*peones*) nas *haciendas* e mineiros. Muitos, já em fins do século XVIII e inícios do XIX, chegavam a buscar ocupação nas zonas urbanas, mas apenas a minoria conseguia trabalho. Tais grupos, tanto no campo como nas cidades, estavam sujeitos constantemente a crises de carestia, epidemias e fome.

Hidalgo era um rebento das camadas médias entre os *criollos*, seu pai era administrador de uma *hacienda*, em Guanajuato. Em 1765, começou seus estudos no colégio jesuíta de San Francisco Javier, na cidade de Valladolid (atual Morélia), em Michoacán, onde realizou sua formação até o fechamento da instituição, em virtude da expulsão da Companhia de Jesus da Nova Espanha, em 1767. No ano seguinte, ingressou no Colégio de San Nicolás Obispo, também localizado em Valladolid, com o intuito de se preparar para o sacerdócio. Nesse período, seguir a carreira eclesiástica podia representar para muitos *criollos* um caminho para o conhecimento (e o reconhecimento), a garantia de ganhos fixos e uma via, mesmo que restrita, de ascensão social. Em San Nicolás Obispo, após ser ordenado padre, Hidalgo foi galgando, ao longo dos anos, posições na instituição, atuando como docente e tesoureiro, e chegando ao posto de reitor, entre 1790 e 1792.

A despeito de sua ascensão meteórica, a vida de Hidalgo em Valladolid não foi tranquila. Ao longo dos anos, envolveu-se em uma série de polêmicas com a Inquisição, por seus questionamentos aos dogmas e ao catecismo da Igreja e viu suas contas, enquanto ocupou o posto de reitor, serem reprovadas em razão de um empréstimo que realizara junto ao Juizado de Capelania e Obras Pias. Da mesma forma, teve sua vida íntima devassada por causa de sucessivas relações amorosas e dos diversos filhos frutos desses vínculos. Embora esses costumes fossem habituais entre os eclesiásticos do período, não deixavam de escandalizar alguns fiéis e setores da própria hierarquia da Igreja.

Em 1803, após anos em meio a uma vida conturbada em Valladolid, Hidalgo reivindicou a posição de pároco na cidade de Dolores, nos arredores de Guanajuato, onde até antes de falecer seu irmão havia atuado como *cura*. Nomeado para ocupar o posto nesse *pueblo*, começou a criar abelhas e bichos-da-seda e a expandir o cultivo de uvas, passando a produzir cera, tecidos de seda e vinho em sua paróquia. Empregou como mão de obra, em suas oficinas, indígenas da região e também se responsabilizou por sua instrução. O crescimento de seus empreendimentos fez com que o *cura* solicitasse um novo padre que o auxiliasse nas atividades religiosas de Dolores. Pediu também financiamento para suas oficinas ao governo vice-reinal, mas, nesse caso, não obteve resposta positiva.

Nesse período, Hidalgo ampliou também sua rede de relações com um grupo de *criollos* ilustrados da região de Querétaro, localidade não muito distante de Guanajuato. Muitos, entre seus correligionários, eram críticos aos desmandos dos *peninsulares* e projetavam, no Novo Mundo, uma autonomia maior para os *criollos*. Esse grupo do qual passou a fazer parte, conhecido em Querétaro como "Academia Literária", tinha suas reuniões organizadas por Josefa Ortíz de Dominguez, esposa do corregedor Miguel Dominguez, e contava com a participação, entre outros *criollos* importantes da região, de Ignácio Allende, membro da cavalaria e filho de um comerciante abastado da cidade, bem como de Mariano Abasolo e Juan Aldama, dois oficiais da milícia novo-hispana. Com eles, Hidalgo passou a discutir política, estimulado, principalmente, pelas mudanças que começaram a ocorrer no mundo hispano-americano em 1808, em especial, no contexto que se seguiu às abdicações de Baiona.

OS VENTOS DE BAIONA

A indefinição política sobre a legitimidade do poder real na Espanha, que se seguiu às invasões napoleônicas, às abdicações de Baiona e à indicação de José Bonaparte para assumir o trono de Madri, desencadeou uma profunda crise política dos dois lados do Atlântico. Embora tenham sido diversas as indagações que começaram a emergir nesse momento histórico, todas elas, de modo geral, poderiam ser sintetizadas em um único, mas fundamental questionamento: como exercer o governo durante o cativeiro de Fernando VII?

Como vimos anteriormente, as sociedades do Antigo Regime, entre as quais a Monarquia Espanhola, não eram entendidas, diferentemente do que ocorre atualmente, como um conjunto de indivíduos dotados de direitos e deveres, mas como entidades *corporativas*. Em outras palavras, constituíam-se como coletividades articuladas por uma série de *corpos* (aldeias, burgos, irmandades, universidades, feudos, corporações de ofício etc.) amalgamados em torno da figura do rei, com suas obrigações e privilégios específicos, em uma lógica social caracterizada por reciprocidades e assimetrias. No início do século XIX, diante dessa concepção que predominava à época na Europa e, em grande medida, também na América, as relações entre o monarca e seus súditos eram vistas sob duas óticas distintas nos âmbitos da Monarquia Católica. Por um lado, havia uma concepção inspirada pela teologia e pela filosofia francesa, bastante alinhada ao que pensavam os Bourbon e seu séquito. Essa vertente defendia que o poder do rei viria diretamente de Deus e, portanto, dispensava mediações tanto da Igreja quanto dos *corpos* do reino. Por outro, havia uma tradição ibérica que remetia aos tempos da *monarquia compósita* dos Habsburgo, chamada de *pactista*, sistematizada, por exemplo, na obra do jesuíta Francisco Suárez, que afirmava que o poder era proveniente de Deus, mas cabia, na terra, aos *pueblos*, e, estes, por vontade própria, o transferiam ao rei. De acordo com essa visão, no caso da ausência do rei ou do "mau governo" do monarca, a soberania deveria voltar aos *pueblos*, que governariam coletivamente até a ascensão (ou regresso) de uma autoridade legítima.

Antes de prosseguir, é importante esclarecer que, em língua portuguesa, é difícil entender a densidade que a palavra "*pueblo*", em especial, nos quadros de uma sociedade de Antigo Regime, poderia adquirir entre as pessoas falantes do castelhano. Mais que "povo", no sentido de "classes populares", "grupo de indivíduos" ou "população", como poderíamos entender hoje em nosso idioma, esse vocábulo se vinculava, sobretudo, à compreensão do conjunto das corporações organizadas, das *vecindades* ("vizinhanças", ou seja, comunidades de *vecinos*, pessoas dotadas de direitos políticos em uma determinada municipalidade) e, principalmente, dos órgãos representativos dos reinos, como as *cortes*, os *cabildos*, os *ayuntamientos* etc.

Entre 1808 e 1810, em meio aos debates em torno da questão da soberania que se estabeleceram no Império Espanhol diante da crise de legitimidade desencadeada pelas abdicações de Baiona, uma série de projetos e experiências começaria a surgir nos territórios da Monarquia Católica dos dois lados do Atlântico.

Antes de seguir para Baiona, em abril de 1808, Fernando VII havia deixado Madri aos cuidados de uma Junta de Governo e do Conselho de Castela. Essas duas instâncias não foram capazes, entretanto, de impedir a ocupação da capital por Joachim Murat, cunhado de Napoleão Bonaparte e um de seus mais importantes generais. Com isso, os franceses, até então aliados, tornaram-se do dia para a noite, para muitos espanhóis, seus maiores inimigos, os opressores concebidos a partir de então como a fonte de todos os excessos, do ateísmo e da violência desmedida. Em contrapartida, a adversária de ontem, a Grã-Bretanha, passou a ser vista como a parceria necessária para a expulsão dos invasores napoleônicos.

Na península, a invasão francesa recebeu a adesão de uma parte das elites, os chamados *afrancesados*, ao mesmo tempo que foi acolhida com resignação por alguns, aceita com frieza por outros e encarada com contrariedade pela maior parte da população. Em resposta à ocupação napoleônica, muitas foram as demonstrações de fidelidade ao rei cativo, explicitadas, em algumas situações, em grandes levantes, como a sublevação de 2 de maio de 1808, violentamente reprimida pelas tropas de Murat – e marco do início da chamada Guerra de Independência Espanhola (1808-1814). Embora os franceses se apresentassem como os principais alvos desses motins, diversos elementos associados ao Antigo Regime hispânico passaram a sofrer também as consequências da insatisfação das camadas populares da sociedade peninsular. Autoridades da Monarquia, como governadores-gerais, capitães-gerais e corregedores, bem como muitos membros das aristocracias rurais e urbanas, foram presos e mortos. Criticavam-se, nessas revoltas, os muitos tributos e impostos cobrados pela Coroa, bem como os recrutamentos forçados para as intermináveis guerras nas quais a Espanha vinha se envolvendo.

Em meio às indefinições provocadas pelas abdicações de Carlos IV e Fernando VII, Napoleão procurou cativar não somente a Espanha, mas também a América, seu objeto de desejo há tempos. Com o objetivo de conferir legitimidade a seu governo sobre a península e sobre suas possessões ultramarinas, Bonaparte encarregou Murat de convocar uma assembleia em Baiona que procurasse instituir uma constituição liberal de corte francês à Monarquia hispânica, na qual deputados americanos teriam também direito a voto. Entretanto, o Estatuto de Baiona, como essa carta ficou conhecida, promulgado em 6 de julho, não foi aceito pela maior parte dos súditos espanhóis, desencadeando movimentos de resistência em diversas províncias da península ibérica. Poucos dias depois, em 19 de julho, os exércitos napoleônicos sofreriam, na cidade de Bailén, no sul da Espanha, sua primeira derrota importante nos quadros da guerra peninsular, fomentando ainda mais as oposições ao governo bonapartista e evidenciando que a possibilidade de vitória sobre as forças francesas não era apenas uma quimera.

Nos meses seguintes, várias regiões peninsulares começaram, na ausência do rei legítimo, a demandar para si o governo, recusando a nova autoridade imposta por Napoleão. Constituiu-se, nesse sentido, uma série de juntas governativas, autoproclamadas como soberanas enquanto o rei estivesse cativo. Embora grande parte dos postos nessas juntas tenha sido ocupada por membros das elites locais, a recusa ao jugo napoleônico não estava restrita aos setores dominantes, vinculando-se de maneira bastante efetiva às revoltas e às rebeliões de caráter popular que estavam eclodindo com cada vez mais constância na península ibérica.

Entre maio e setembro de 1808, espalhou-se pelos territórios peninsulares um total de 18 juntas governativas locais. Entretanto, com o objetivo de evitar a fragmentação da resistência, da defesa e da administração dos grupos que não aderiram ao governo bonapartista, foi criada, no mês de setembro, a Junta Suprema e Governativa do Reino da Espanha e das Índias, também chamada de Junta Central, sediada, inicialmente, em Aranjuez, na sequência, em Sevilha, e, por fim, em Cádiz. Essa instância considerava inválida a abdicação de Fernando VII e reivindicava para si o governo até o regresso do príncipe, chamado desde então de "o Desejado".

Embora desde meados de 1808 já se soubesse, nas Américas, da abdicação de Carlos IV, apenas ao longo dos meses seguintes começaram a chegar ao Novo Mundo notícias acerca das abdicações de Baiona e da ocupação de Madri pelos exércitos napoleônicos. Essas informações foram cruzando o Atlântico aos poucos e de maneira frequentemente desencontrada.

As distâncias e as condições de transporte no período faziam com que as comunicações provenientes do outro lado do Atlântico demorassem cerca de quatro meses para aportar no continente americano. Na América do Sul, as notícias chegavam inicialmente às cidades portuárias principais e apenas depois se espalhavam pelo restante do território. Com isso, Caracas, por intermédio de La Guaira, e Buenos Aires foram se tornando centros difusores das novidades vindas da Europa e, ao mesmo tempo, focos de onde partiam também as principais movimentações revolucionárias. Já em Lima, localizada nas margens do oceano Pacífico, governada com mão de ferro pelo vice-rei Abascal, os relatos dos acontecimentos peninsulares, caraquenhos e portenhos costumavam chegar mais ou menos ao mesmo tempo, fazendo com que as autoridades do Peru se guiassem frequentemente tanto pelos eventos europeus quanto pelos episódios venezuelanos e platinos. No caso das capitais vice-reinais e das sedes de audiências localizadas nos Andes, como Santa Fé de Bogotá, Quito ou Chuquisaca, questões geográficas e climáticas afetavam profundamente a circulação de pessoas e informações vindas das grandes cidades portuárias do Atlântico. Nas temporadas de chuva na cordilheira, por exemplo, era comum que elas ficassem muitos meses sem qualquer notícia do que se passava não somente em Madri ou Cádiz, mas também em Caracas ou Buenos Aires. No Chile, por sua vez, o ponto de chegada dos relatos dos acontecimentos que vinham agitando o Império era o porto de Valparaíso, em geral, a partir de embarcações provenientes, via Cabo Horn, principalmente do Rio da Prata. Nas porções setentrionais dos territórios hispano-americanos, como a Nova Espanha e a capitania-geral da Guatemala, bem como no Caribe, as informações costumavam circular de modo mais homogêneo, com menos intervalo entre os portos litorâneos, como Veracruz e Havana, e as cidades do interior do território, entre as quais a mais importante era certamente a Cidade do México.

Além dessas questões relativas às comunicações e aos contatos, em cada uma das diversas regiões da América espanhola havia uma série de especificidades ligadas à grande variedade de ordem social, étnica, econômica, político-administrativa e geográfica. Contudo, a despeito dessas diferenças, em pouco tempo, revoluções começariam a se espraiar, como rastilhos de pólvora, pelas superfícies do Novo Mundo, fazendo com que as independências hispano-americanas se apresentassem como um processo articulado, marcado por conexões e pela partilha de experiências históricas comuns.

Na Nova Espanha de Miguel Hidalgo, emergiram, de início, duas respostas principais diante da chegada das primeiras notícias da Europa, já em julho de 1808. De um lado, a Audiência da Cidade do México resistia a aceitar qualquer governo provisório local e afirmava que nenhuma resolução deveria ser tomada até que se definisse a situação de Fernando VII. De outro, o *ayuntamiento* defendia uma solução *pactista*, afirmando que, na ausência do rei, a soberania deveria ser exercida pelos *pueblos*. Nessa perspectiva, a Nova Espanha seria provisoriamente governada pelo vice-rei José de Iturrigaray diretamente em nome do monarca Bourbon sem a necessidade de responder a qualquer eventual autoridade *peninsular*.

Para além das perspectivas teológicas e filosóficas acerca da soberania que circulavam no período, as posições de cada um dos grupos também eram explicadas pelos diversos interesses existentes, nessa época, na sociedade novo-hispana. A Audiência, dominada principalmente por *peninsulares*, grande parte dos quais indicados pelo ministro deposto Manuel Godoy, representava a defesa do *status quo*, ou seja, a manutenção das estruturas existentes vinculadas à Monarquia bourbônica. Em contrapartida, o *ayuntamiento*, formado em sua maioria por *criollos*, defendia transformações que significavam maior autonomia dos novo-hispanos em relação às autoridades da península ibérica. A inclinação de Iturrigaray em apoiar estes últimos provocou pânico nas elites *gachupines* que, por meio de um golpe palaciano, liderado pelo basco Gabriel Yermo, ordenaram a prisão dos membros do *ayuntamiento* e a deposição, em setembro de 1808, do vice-rei Iturrigaray, substituindo-o pelo octogenário militar reformado Pedro de Garibay, cuja função seria governar conforme os ditames da Audiência.

Em Caracas, as notícias dos acontecimentos na Europa também começavam a chegar, no mesmo mês de julho de 1808, por intermédio de um bergantim francês que havia ancorado em La Guaira. Nele, emissários de Napoleão se encontraram com o capitão-geral Juan de Casas, informando-o sobre as abdicações de Baiona e a ascensão de José Bonaparte ao trono, exigindo a obediência e a fidelidade ao novo monarca. Pouco tempo depois, navios ingleses que aportaram nos litorais da capitania-geral começavam a apresentar aos venezuelanos o outro lado da moeda: davam conta da vitória dos espanhóis em Bailén, dos muitos levantes populares que começavam a eclodir na península e da formação de juntas governativas em vários pontos do reino.

Em meio à crise e às diversas informações que chegavam à Venezuela, os *mantuanos*, membros da aristocracia *criolla* local, decidiram rechaçar a soberania francesa e declarar apoio à causa do monarca cativo, passando a pressionar Juan de Casas para que criasse uma junta de governo, tal qual as que vinham sendo instituídas na península, em que o mando recairia sobre as jurisdições da capitania-geral, sem a necessidade, portanto, de recorrer a qualquer autoridade *peninsular*. O capitão-geral, preocupado com o poder que a elite dos *mantuanos* desejava adquirir, decidiu por alinhar a capitania à soberania da junta de Sevilha e pela prisão daqueles que haviam atuado em favor da constituição de uma instância governativa autônoma sediada em Caracas.

Também em julho de 1808, notícias da Europa chegaram ao Prata, inicialmente, dando conta dos motins de Aranjuez e da ascensão de Fernando VII ao trono. Apenas em agosto, com a chegada a Buenos Aires de enviados de Napoleão Bonaparte, os portenhos foram, enfim, informados sobre a nova ordem estabelecida em Madri. Na região platina, mais que em outros lugares, as posições ficaram confusas. Por um lado, a defesa da legitimidade do "Desejado" monarca Bourbon deveria significar uma oposição imediata e direta aos invasores napoleônicos, conclusão que levava os portenhos a alimentarem uma crescente desconfiança contra todos os franceses, entre os quais o próprio vice-rei Santiago de Liniers. Por outro, repentinamente, os britânicos e os luso-brasileiros, ou seja, os dois grandes rivais do dia anterior, teriam que começar, ao menos em teoria, a ser vistos como aliados nas guerras de libertação dos territórios da Monarquia Católica. Como lutar agora ao lado dos ingleses que os portenhos haviam acabado de expulsar por duas vezes, em 1806 e 1807, de seu território? Quanto aos portugueses e aos luso-brasileiros, além das rivalidades fronteiriças e disputas territoriais que vinham se estendendo desde fins do século XVII, um novo fator deveria começar a ser considerado: a reivindicação da infanta Carlota Joaquina, esposa de D. João, príncipe-regente do Império Português, então já no Rio de Janeiro, e irmã mais velha de Fernando VII, que se apresentava como a verdadeira herdeira da casa de Bourbon nas Américas, diante da crise de legitimidade resultante das abdicações de Baiona. Mesmo encontrando entusiastas dessa proposta, em especial nas regiões do Prata e do Alto Peru, a alternativa *carlotista*, como foi chamada à época, jamais chegou a se concretizar, em razão das desconfianças provocadas nas diversas regiões da Monarquia hispânica, do pouco interesse dos britânicos em encampar, de fato, esse projeto ou dos próprios desdobramentos revolucionários que tiveram palco nos anos seguintes nos outrora territórios bourbônicos.

Diante das mudanças dos ventos europeus, somente uma pequena parcela de funcionários reais nas Américas pareceu tender, em um primeiro momento, a aderir a José Bonaparte. A maior parte manteve-se fiel a Fernando VII e à dinastia dos Bourbon. Com a exceção de alguns poucos membros das elites dos dois lados do Atlântico, de modo geral, predominou entre os diversos setores sociais da Monarquia Católica um sentimento em defesa da resistência da "nação espanhola", entendida como a união de todos "espanhóis", independentemente de seu continente, contra o invasor francês. Nesse primeiro momento, os laços que uniam os súditos de Fernando VII, a despeito das múltiplas contradições, ainda pareciam mais fortes que suas diferenças. Entretanto, muitos dos primeiros desentendimentos e das distintas visões sobre como deveria ser exercido o governo, existentes e evidentes em 1808, já anunciavam as tensões que começariam a explodir nos anos seguintes.

Embora, de forma geral, a fidelidade a Fernando VII se apresentasse como um elemento unificador da maior parte da Monarquia, algumas fissuras começavam a se manifestar de modo cristalino. Em meio a uma crise de legitimidade disseminada, a quem obedecer? Quem teria legitimidade suficiente para assumir o mando?

AS MUITAS DEFESAS DE FERNANDO VII

Entre o fim de 1808 e o início de 1809, o Rio da Prata vivia um momento delicado. Liniers e o *cabildo* de Buenos Aires disputavam a autoridade sobre as milícias formadas nos quadros das invasões inglesas e que, agora, diante da iminência de novos conflitos com alguma potência europeia, apresentavam-se como mais importantes do que nunca. Por sua vez, o vice-rei, nascido na França, seguia despertando desconfianças, em alguma medida, bastante contraditórias. Para além das acusações que vinha sofrendo por suas origens, que poderiam aproximá-lo de Napoleão, era denunciado também de estar compactuando com os projetos dinásticos de Carlota Joaquina e, no limite, com os próprios britânicos.

Entre os diversos atores que passaram a questionar a autoridade de Liniers estava o então governador de Montevidéu, o navarrês Francisco Javier de Elío. Em setembro de 1808, Elío convocou um *cabildo abierto*, cujas resoluções foram: a defesa da soberania de Fernando VII e a criação de uma junta governativa nas margens orientais do Prata submetida diretamente à Sevilha e, portanto, autônoma em relação a Buenos Aires.

Na capital do vice-reinado, no dia 1º de janeiro de 1809, ainda em meio às demonstrações de oposição a Liniers, o *alcalde* Martín de Alzaga, que havia lutado, pouco tempo antes, ao lado do capitão francês contra os britânicos e que demonstrava uma clara intenção de apear o vice-rei do poder, também tentou estabelecer uma junta na cidade portenha, a exemplo do que fizera Elío, em Montevidéu. Como a maior parte das milícias, compostas majoritariamente por *criollos*, manteve-se ao lado de Liniers, o motim liderado por Alzaga foi derrotado e seus cabeças enviados para uma prisão na Patagônia. Enquanto isso, na província oriental, Elío seguia com seu governo paralelo a Buenos Aires.

Ainda em janeiro de 1809, representantes da Junta Central de Sevilha, estabelecida em setembro do ano anterior, começavam a chegar às mais variadas partes da América com o objetivo de se legitimar diante das populações que viviam nos territórios ultramarinos. De acordo com os emissários vindos da Europa, os súditos da monarquia no Novo Mundo poderiam eleger seus próprios deputados, os quais teriam os mesmos direitos que os *peninsulares*. Ao todo, os domínios ultramarinos de Castela teriam direito a 10 delegados, 4 representando os vice-reinados (Nova Espanha, Peru, Nova Granada e Rio da Prata) e 6, as capitanias-gerais (Chile, Guatemala, Porto Rico, Cuba, Venezuela e Filipinas).

Nos meses seguintes, a despeito da crítica de muitos setores das sociedades coloniais a respeito do pequeno número de emissários das Índias em relação aos delegados *peninsulares*, foram realizadas, em diversos pontos dos territórios americanos da Monarquia hispânica, eleições para a escolha dos representantes para compor a Junta Central de Sevilha. Mesmo restritos a algumas cidades mais importantes e aos setores sociais mais elevados entre as elites *peninsulares* e *criollas*, esses escrutínios mobilizaram diversas partes das Américas, fomentando sociabilidades e identidades políticas que viriam a se intensificar nos anos posteriores. Ao mesmo tempo, contribuíram para ativar insatisfações, oposições e revoltas em regiões alijadas desse processo decisório.

Duas jurisdições vinculadas a audiências, em particular, vivenciaram momentos de intensa rebelião nesse período: Charcas e Quito. Embora nunca houvessem se constituído como sedes de vice-reinados, ambas sempre se consideraram relativamente autônomas em relação às capitais a que deveriam obediência – Lima, até meados do século XVIII, e, respectivamente, Buenos Aires e Santa Fé de Bogotá, naquele momento. Ressentiam-se, contudo, de não terem seus direitos reconhecidos como o de outras localidades da Monarquia.

Entre meados de 1808 e inícios de 1810, diversas regiões da Audiência de Charcas se viram sublevadas, inicialmente, diante um quadro de tensão envolvendo Ramón García de León y Pizarro, intendente de Chuquisaca e presidente da Audiência, defensor de um alinhamento direto a Sevilha, e os ouvidores do tribunal, que defendiam a constituição de uma junta local, autônoma em relação tanto à instância governativa da Andaluzia quanto a Buenos Aires. García de León também era acusado, por seus adversários, de tramar, em conluio com o vice-rei Liniers, a entrega do Alto Peru à Carlota Joaquina e aos luso-brasileiros. Em maio de 1809, o intendente foi preso pelos ouvidores, provocando um quadro de sublevação em diversos pontos do Alto Peru.

Em La Paz, em julho desse mesmo ano, após a convocação de um *cabildo abierto*, estourou uma rebelião, liderada pelo oficial Pedro Domingo Murillo, que sob o brado "Morram os traidores! Viva Fernando VII!" exortava a população pacenha a lutar ao seu lado. Esse levante foi responsável por depor o intendente Tadeo Dávila e o bispo da cidade, Remigio de la Santa y Ortega, estabelecendo, na região, a chamada Junta Tuitiva, que pretendia governar diretamente em nome do monarca espanhol sem as mediações de Sevilha e Buenos Aires. Poucos meses depois, em novembro de 1809, o movimento foi derrotado definitivamente por tropas comandadas pelo presidente da Audiência de Cusco, José Manuel de Goyeneche, reforçadas por batalhões enviados tanto por Lima quanto por Buenos Aires. Em janeiro de 1810, Murillo e seus principais aliados foram executados em La Paz.

Em Quito, as notícias sobre o que estava acontecendo na península ibérica começaram a chegar também no segundo semestre de 1808, em geral, por intermédio dos navios que aportavam em Cartagena de Índias. Em 10 de agosto do ano seguinte, um grupo de *criollos* que vinha se reunindo desde fins do ano anterior decidiu depor as autoridades *peninsulares* e constituir uma junta governativa na região. A sublevação se iniciou após um encontro na casa de Manuela Cañizares, dama da aristocracia local conhecida por receber a elite ilustrada quitenha para tertúlias, nas quais os assuntos políticos estavam sempre presentes. Após o apoio das milícias locais ao movimento, o presidente da Audiência, Manuel Ruiz de Castilla, foi preso e a junta governativa local foi estabelecida, encabeçada pelo nobre *criollo* Juan Pío Montúfar, o marquês de Selva Alegre.

Assim como ocorrera em Charcas, duas capitais de vice-reinado começaram a enviar tropas para debelar o levante. Nesse caso, Santa Fé de Bogotá e Lima. Governadores e intendentes de regiões como Popayán, Guayaquil e Cuenca também enviaram reforços contra a junta quitenha. O movimento da elite *criolla* de Quito sobreviveu somente até outubro, com a capitulação de Selva Alegre, o retorno ao poder de Ruiz de Castilla e, principalmente, com a entrada na cidade dos exércitos de Lima, enviados pelo vice-rei Fernando José de Abascal.

Como se pode perceber, nesses diversos movimentos, entre 1808 e 1810, as peças do tabuleiro começavam a se mover em meio a uma série de interesses em disputa. Embora o nome de Fernando VII fosse evocado praticamente por todos os atores envolvidos nas contendas, seus significados eram múltiplos. Para muitas autoridades vice-reinais, várias delas indicadas aos cargos ainda pelo ministro de Carlos IV, Manuel Godoy, não era interessante que se estabelecesse uma mudança repentina do *status quo* das colônias. Nesse sentido, tendiam, frequentemente, a se alinhar às autoridades que se constituíssem na península, fazendo com que se associassem, em alguma medida, às intenções centralizadoras de Sevilha.

Os *criollos*, por sua vez, nas mais diversas partes das Índias, viam, no estabelecimento de juntas governativas locais, uma possibilidade de autogoverno, ao menos enquanto o rei estivesse cativo.

Em algumas regiões que não eram capitais de vice-reinados ou capitanias-gerais, fossem elas governações, como Montevidéu, ou sedes de audiências, como Chuquisaca ou Quito, governar diretamente em nome de Fernando VII significava não apenas autonomia em relação a Madri ou Sevilha, mas também às autoridades vice-reinais estabelecidas em Lima, Buenos Aires ou Santa Fé de Bogotá.

No que concerne especificamente aos três vice-reinados da América do Sul, em meio aos problemas locais que vinham sendo enfrentados por Liniers no Prata e a uma postura um tanto vacilante apresentada pelo vice-rei de Nova Granada, Antonio Amar y Borbón, coube ao asturiano Fernando de Abascal, então à frente do Peru, o papel de principal guardião do poder *realista* na região não somente durante esse período de indefinição, entre 1808 e 1810, mas também até o fim de seu governo em 1816.

Na Nova Espanha, assim como no restante das Américas, as posturas eram ambíguas. Embora o convite para o envio de um delegado a Sevilha tenha acalmado, em parte, o ânimo dos *criollos*, a maneira como Iturrigaray fora apeado do poder ainda gerava tensões entre os vários setores das elites locais. Em 1809, um pasquim apreendido pelas autoridades *peninsulares* proclamava a necessidade de "independência da Nova Espanha", de modo a, ironicamente, preservar os territórios do monarca usurpado. No mesmo ano, um grupo em Valladolid, composto por oficiais *criollos* como José María Izazaga e Mariano Michelena, que costumava se reunir, de modo frequente, na propriedade de José María García Obeso, foi acusado pelas autoridades vice-reinais de estar conspirando contra os poderes constituídos, bem como instigando as populações indígenas da região à sublevação por meio da promessa de abolição dos tributos dos *pueblos*.

A algumas léguas dali, em Querétaro, meses depois, outra conspiração seria descoberta. Entretanto, seus efeitos seriam, certamente, mais duradouros para o Vice-Reinado da Nova Espanha.

CAMINHOS DA INSURGÊNCIA NA NOVA ESPANHA

Embora todos os participantes da "Academia Literária" de Querétaro concordassem ser necessário destituir as autoridades *peninsulares* que ocupavam os principais postos administrativos, eclesiásticos e militares na Nova Espanha, havia uma variedade de projetos políticos circulando entre seus membros, sintetizados nas posições de seus dois principais líderes. Enquanto Ignácio Allende defendia um governo autônomo exercido basicamente por *criollos*, Miguel Hidalgo parecia conceber a participação política de maneira mais ampla, incluindo, em seus projetos, indígenas e mestiços, populações com as quais conviveu e das quais se aproximou em seus anos nas aldeias interioranas.

Em 10 de setembro de 1810, a existência das conspirações que vinham ocorrendo em Querétaro foi descoberta pelas autoridades da Cidade do México. Após serem alertados desse fato por dona Josefa Ortíz de Dominguez, os conjurados convocaram, às pressas, uma reunião. Enquanto Hidalgo passou a defender a necessidade de uma ação imediata, Allende recomendava cautela. Na madrugada do dia 15 para 16 de setembro, ficaria claro, contudo, que a posição do *cura* seria, ao menos incialmente, a predominante. Sob o chamamento de Hidalgo, em meio a vivas a Fernando VII, iniciou-se uma insurgência que se prolongaria por cerca de cinco anos e que se espalharia pelas várias latitudes da Nova Espanha. Embora contasse com uma importante participação de *criollos*, essa rebelião iniciada em Dolores, diferentemente de outros movimentos existentes, nesse mesmo período, nos territórios da Monarquia Católica no Novo Mundo, contava com significativa participação indígena e mestiça.

Mesmo demonstrando certa contrariedade em relação às ações de Hidalgo, Allende assumiu a organização do exército insurgente, enquanto a liderança do movimento coube ao *cura* de Dolores. Um estandarte da Virgem de Guadalupe foi adotado como bandeira pelos rebeldes, demonstrando o poder agregador da religião entre as classes populares. Após serem insuflados por Hidalgo, os amotinados partiram em marcha de Dolores e tomaram a cidade de San Miguel, em Guanajuato. Grande parte das milícias locais aderiu ao movimento e todos os espanhóis de origem europeia da localidade foram presos. A despeito da facilidade com que ocorreu a tomada do povoado, o exército popular que vinha de Dolores era visto por Allende como indisciplinado, pois praticava saques e matava espanhóis de maneira sumária. Hidalgo, por sua vez, justificava a atitude de seus homens e os considerava essenciais para vencer os *peninsulares*.

Após deixar San Miguel, a insurgência seguiu para Celaya, ocupada, dias depois, sob o mesmo roteiro: a cidade foi tomada sem muitas dificuldades, e os saques e as mortes sumárias de *peninsulares* voltaram a ser praticados à revelia de Allende. Embora continuassem lutando juntos, as diferenças entre os dois principais líderes da insurgência se tornavam, cada vez mais, evidentes e, mais que isso, inconciliáveis.

Os seguidores do *cura* cresciam dia a dia, para desespero das autoridades coloniais e de muitos *criollos* que passaram a temer o caráter popular que o movimento foi adquirindo. A alta hierarquia da Igreja, por exemplo, formada em sua imensa maioria por espanhóis nascidos na Europa, posicionava-se frontalmente contra essa rebelião. Manuel Abad y Queipo, bispo de Michoacán, um antigo conhecido de Hidalgo dos tempos de Valladolid, embora fosse o único *criollo* a ocupar tal posto na Nova Espanha e tivesse certa simpatia pela causa da autonomia do vice-reinado, desconfiava do caráter popular e violento que o levante fora ganhando. Lançou um edito de excomunhão contra Hidalgo e todos os líderes do movimento, acusando-os de levantar armas contra sacerdotes nas cidades ocupadas. A Inquisição, por sua vez, exigiu que Hidalgo comparecesse ao tribunal para responder por "crimes contra a religião".

Após deixar Celaya, os insurgentes seguiram rumo a Guanajuato, onde, em 28 de setembro, naquela que foi a primeira grande batalha dos seguidores de Hidalgo contra os exércitos *realistas*, conseguiram tomar a fortaleza local conhecida como Alhóndiga de Granaditas. Após essa vitória, a cidade assistiu a dois dias de saques violentos e a uma matança generalizada de *peninsulares* e *criollos*. Isso aumentou ainda mais o temor e a oposição de ambos os grupos em relação à insurgência.

Em seguida, os exércitos de Hidalgo rumaram para Valladolid, onde entraram sem disparar um único tiro. A tomada da capital de Michoacán representou o auge do movimento liderado pelo padre de Dolores: as principais cidades da chamada região do Bajío, Guanajuato e Valladolid estavam tomadas pela insurgência. Diversos seguidores do *cura*, entre os quais o padre José María Morelos (1765-1815), começavam a difundir a luta contra os *gachupines* em outras partes do território da Nova Espanha.

Morelos nasceu em Valladolid e, quando estudava no Colégio de San Nicolás por volta de 1790, conheceu Miguel Hidalgo, então reitor da instituição. Uniu-se ao movimento em 20 de outubro de 1810, sendo encarregado de levá-lo ao sul da Nova Espanha. Mais que Hidalgo, Morelos, sacerdote mestiço, proveniente dos estratos populares da sociedade novo-hispana, foi responsável por sistematizar, no decorrer do processo insurgente, um ideário político em torno da independência sem abandonar a defesa dos grupos mais pobres, indígenas e mestiços do vice-reinado. Dotado de grande talento militar, organizou um exército e manteve acesa a luta insurgente até ser capturado e fuzilado em 1815.

A imagem de Nossa Senhora de Guadalupe foi mobilizada nos estandartes dos exércitos insurgentes de Hidalgo e Morelos, na Nova Espanha, entre 1810 e 1815. (*Escena de guerra*, Victor Theubet de Beauchamp, *c.* 1830, Real Biblioteca del Palácio Real de Madrid, Madrid, Espanha)

Poucos dias antes do início da insurgência, um novo vice-rei, o militar Francisco Javier Venegas, havia chegado à Nova Espanha. Sem tempo para organizar um exército capaz de fazer frente às desordenadas, mas numerosas, tropas de Hidalgo, Venegas temia pelo futuro da Cidade do México. Em 25 de outubro, os insurgentes ocuparam Toluca e se aproximaram da capital. O vice-rei Venegas tomou, então, algumas providências para combater os homens de Hidalgo. Nomeou o general espanhol Trujillo como chefe do exército *realista*, definindo como ponto estratégico para deter os insurgentes o Monte de las Cruces. No plano simbólico, adotou a "europeia" Virgem dos Remédios como protetora da capital. A santa deveria fazer frente à *criolla* e popular Virgem de Guadalupe, padroeira do movimento rebelde. A Batalha do Monte de las Cruces, ocorrida em 30 de outubro, teve como resultado a vitória do numeroso exército insurgente sobre as reduzidas tropas *realistas*.

Após ocupação de Valladolid, a tomada da Cidade do México se tornou o grande objetivo de Hidalgo, que contava, nesse momento, com quase 80 mil homens. Na iminência de tomar a capital do vice-reinado, ocorreu a mais inesperada e surpreendente reviravolta de todo o movimento insurgente. Sem qualquer explicação, nem mesmo a Allende, Hidalgo ordenou a retirada de seus homens de Toluca. Muitas hipóteses foram construídas sobre essa atitude do *cura* (o medo de que seus homens exagerassem nos saques e na violência ou no derramamento de sangue que a invasão poderia causar, a expectativa de que a capital se rendesse naturalmente, entre outras explicações), mas é impossível apontar os motivos reais que fizeram Hidalgo refugar. Esse episódio resultou na deserção de metade do contingente que lutava ao lado do pároco de Dolores, o que certamente debilitou as possibilidades de vitória da insurgência. Contra todas as expectativas, Hidalgo decidiu retornar à região do Bajío.

Na luta contra a insurreição, começava a ganhar destaque a figura do militar castelhano Félix María Calleja, chefe das armas em San Luis Potosí, ao norte do território da Nova Espanha. Em 6 de novembro, Calleja, com um exército organizado, impôs aos rebeldes, que se dirigiam a Querétaro, sua primeira derrota. Esse fracasso foi o estopim do rompimento entre Hidalgo e Allende. Enquanto o primeiro seguiu para Valladolid, o segundo se encaminhou, com um exército mais bem organizado, para Guanajuato. Após ser informado que Calleja se aproximava dessa localidade, Allende pediu reforços a Hidalgo, mas não obteve resposta. Sem esperanças de vencer o líder *realista*, partiu com seus homens para San Felipe, em Guanajuato.

O *cura* de Dolores seguiu, juntamente aos 7 mil homens que ainda permaneciam a seu lado, rumo a Guadalajara, onde o líder rebelde José António Torres acabara de tomar a cidade. Nesse local, Hidalgo estabeleceu o primeiro governo insurgente da Nova Espanha. Embora houvesse atuado em Guadalajara como uma espécie de déspota real (passou a utilizar a denominação "Sua Alteza Sereníssima"), adotou medidas de caráter popular, como a abolição da escravidão, dos tributos indígenas e dos monopólios espanhóis.

Allende foi convocado por Hidalgo para organizar a defesa de Guadalajara, que via o exército de Calleja se aproximando. Em 17 de janeiro de 1811, após uma dura batalha entre insurgentes e *realistas*, o acaso contribuiu para a vitória do exército da ordem: após uma bala perdida atingir uma carreta de munição e explodir, um incêndio se propagou, resultando na fuga e na deserção de muitos dos homens comandados por Allende. O comandante espanhol aproveitou a oportunidade para lançar suas tropas contra os desorganizados insurgentes. A vitória de Calleja em Puente de Calderón marcou a retomada de Guadalajara pelas tropas *realistas*. Os principais sobreviventes entre os líderes insurgenttes fugiram para

Aguascalientes, onde Hidalgo foi destituído do comando do movimento por Allende e seus aliados.

Em 17 de março, na atual região do Texas, na época ainda pertencente ao território da Nova Espanha, os principais líderes da insurgência que pretendiam atravessar a fronteira para comprar armas nos Estados Unidos, após serem traídos por um desafeto de Allende, foram capturados por tropas *realistas*. Hidalgo estava entre os presos e foi enviado para Chihuahua para ser julgado. O *cura* de Dolores, principal líder da insurgência em sua fase inicial, diante de seus juízes, ainda que continuasse afirmando a importância das lutas pela autonomia da Nova Espanha, demonstrava certo arrependimento por ter utilizado métodos violentos e ter recorrido à luta armada para alcançar seus objetivos. Condenado, no dia 18 de julho de 1811, foi fuzilado. Sua cabeça foi separada do corpo e, conservada em sal, exposta publicamente em Guanajuato.

A morte de Hidalgo não significou, no entanto, o fim da luta, que persistiu até 1815, sob o comando de novas lideranças. A principal, sem dúvida, foi José María Morelos, defensor da autonomia e, posteriormente, da emancipação política do vice-reinado, bem como de reformas sociais, como a abolição dos tributos indígenas, da escravidão e das barreiras que impediam o ingresso dos setores populares em postos civis e eclesiásticos.

Em 6 de novembro de 1813, com grande parte do sul da Nova Espanha sob o controle dos insurgentes, Morelos proclamou a Independência e convocou um Congresso na cidade de Chilpancingo. O padre rebelde iniciou os trabalhos dessa assembleia com a leitura de um texto de sua autoria, intitulado *Sentimientos de la nación*, no qual sintetizava algumas de suas principais posições políticas, advogava a separação dos territórios do vice-reinado em relação à Espanha e enunciava questões vinculadas à soberania, à igualdade e aos direitos dos homens.

Em dezembro desse mesmo ano, Morelos fracassou ao tentar tomar Valladolid, onde pretendia instalar a capital do governo autonomista. Em meio a algumas derrotas militares para as tropas *realistas* e a desavenças dentro do próprio Congresso, os insurretos foram obrigados a deixar Chilpancingo, estabelecendo-se em Apatzingán. Nessa cidade foi redigida e publicada, no início de 1814, uma Constituição de caráter fortemente liberal. Os efêmeros organismos político-institucionais criados pelos rebeldes, contudo, não se sustentaram por muito tempo. Em fins de 1815, Morelos foi capturado pelo exército *realista*, levado para a Cidade do México, julgado e condenado pelas autoridades vice-reinais e pela Inquisição. Seu fuzilamento ocorreu em 22 de dezembro daquele ano.

Sentimientos de la nación (1813)

"1º. Que a América é livre independente da Espanha e de toda outra nação, governo ou monarquia, e que assim se sancione dando ao mundo as razões;

2º. Que a religião católica seja a única, sem tolerância de outra;

3º. Que todos os seus ministros se sustentem de todos e apenas dos dízimos e primícias, e o povo não tenha que pagar mais subvenções que as de sua devoção e oferenda;

4º. Que o dogma seja sustentado pela hierarquia da Igreja, que são o papa, os bispos e os *curas*, porque se deve arrancar toda planta que Deus não plantou: *omnis plantatis quam non platabit Pater meus Celestis cradicabitur* (Mat., cap. XV);

5º. Que a soberania emana imediatamente do povo, que quer depositá-la apenas no Supremo Congresso Nacional Americano, composto de representantes das províncias em igualdade de número;

6º. Que os poderes Legislativo, Executivo e Judiciário estejam divididos nos corpos compatíveis para exercê-los [...];

9º. Que os empregos apenas os americanos os obtenham;

10º. Que não se admitam estrangeiros, se não são artesãos capazes de instruir e livres de suspeitas;

11º. Que os estados mudam costumes, e por conseguinte a pátria não será de todo livre e nossa, enquanto não se reforme o governo, abatendo o tirânico, substituindo o liberal, e igualmente jogando fora de nosso solo o inimigo espanhol, que tanto se declarou contra (nossa pátria/esta nação);

12º. Que como a boa lei é superior a todo o homem, as que dite nosso Congresso devem ser tais, que obriguem a constância e o patriotismo, moderem a opulência e a indigência; e de tal sorte se aumente o jornal do pobre, que melhore seus costumes, afastando a ignorância, a rapina e o furto;

13º. Que as leis gerais compreendam a todos, sem a exceção de corpos privilegiados; e que estes apenas o sejam quando do uso de seu ministério [...];

15º. Que a escravidão seja proscrita para sempre, e o mesmo a distinção de castas, ficando todos iguais, e só distinguirá a um americano de outro, o vício e a virtude;

16º. Que nossos portos se franqueiem às nações estrangeiras amigas, mas que estas não ingressem ao reino, por mais amigas que sejam, e apenas haverá portos assinalados para esse efeito, proibindo o desembarque em todos os demais, assinalando o 10 por cento;

17º. Que a cada um se lhes guardem suas propriedades, e se respeite sua casa como um refúgio sagrado, assinalando penas aos infratores [...];

19º. Que na mesma [legislação] se estabeleça por lei constitucional a celebração do dia 12 de dezembro em todos os *pueblos*, dedicado à padroeira de nossa liberdade, Maria Santíssima de Guadalupe, encarregando a todos os *pueblos* a devoção mensal [...];

Chilpancingo, 14 de setembro de 1813

José Ma. Morelos."

(Fonte: MORELOS, José María. *Sentimientos de la nación*. México: FCE, 2020. Tradução do autor.)

A natureza das insurgências lideradas por Hidalgo e Morelos já foi bastante debatida pelos historiadores. As perspectivas chamadas de *nacionalistas* localizam no dia 16 de setembro de 1810, ou seja, na efeméride em torno do "Grito de Dolores", o início do movimento de independência do México e, mais que isso, o momento de nascimento da própria nação mexicana. De fato, essa corrente interpretativa afirma uma continuidade, em grande medida evolutiva e linear, entre as rebeliões lideradas por Hidalgo e Morelos, iniciadas em 1810, e a proclamação efetiva da independência do México, ocorrida, anos depois, em 1821.

Entretanto, nos últimos anos, a historiografia tem interpretado o movimento iniciado por Hidalgo no contexto maior das lutas autonomistas e emancipacionistas na Nova Espanha, afirmando que os eventos de 1810 e os de 1821 não possuem uma vinculação direta e imediata. De modo geral, ela aponta que, no processo de constituição das revoluções de independência no México, caminharam, paralelamente, dois movimentos políticos e militares que não podem ser confundidos, mesmo que tenham atuado em conjunto em algumas situações.

De um lado, estava grande parte das elites e camadas médias *criollas*, que demandavam uma autonomia maior dos territórios da Nova Espanha. Ao longo do percurso revolucionário, esse grupo iria incorporar, paulatinamente, ao seu discurso, a defesa da independência nacional. Essa vertente, como veremos, foi a que conduziu os processos que resultaram na emancipação definitiva desses territórios em relação ao Império Espanhol em 1821.

De outro lado, estavam os setores populares, indígenas e mestiços – prejudicados pelas Reformas Bourbônicas, pelas péssimas condições de vida e trabalho e pela ausência de liberdade em relação às elites brancas, independentemente se *peninsulares* ou *criollas* – que desejavam construir novas formas de viver, não necessariamente vinculadas a um passado anterior à chegada dos espanhóis ou a um futuro nacional independente, demandando novos pactos com a Coroa e com os demais setores da sociedade colonial.

Como demonstram pesquisas recentes, os mesmos grupos populares, indígenas e mestiços que aderiram com entusiasmo aos levantes de Hidalgo e Morelos, entre 1810 e 1815, envolveram-se de forma bastante tímida nos eventos que resultaram na Independência do México em 1821. Entre outros fatores, porque estavam, naquele momento, mais preocupados com a preservação ou recuperação de suas autonomias e formas de organização coletiva locais do que com a construção de um novo Estado independente. Em suas demandas, a defesa de suas tradições e costumes era mais frequente que os chamados valores *modernos*, constantemente associados à Ilustração e ao liberalismo, mais presentes nos discursos das elites e das camadas médias *criollas*. Não era gratuita a popularidade entre eles tanto da imagem do rei Fernando VII quanto da Virgem de Guadalupe: mais que signos "espanhóis" *stricto sensu*, esses símbolos remetiam a uma certa "tradição" que fornecia combustível para a luta desses grupos sociais. Na perspectiva dos povos originários, das *castas* (mestiços) e dos setores populares, os *peninsulares* e os *criollos* constituíam a representação mais evidente da exploração e do quadro de penúria em que viviam. Já a Coroa e a Igreja, mesmo com todas as suas contradições, eram vistas como as únicas instâncias para as quais esses mesmos grupos poderiam recorrer na reivindicação de seus direitos, na condição de vassalos da Monarquia Espanhola e de protegidos da Virgem de Guadalupe. No plano simbólico, a figura do rei era vista, em grande medida, como uma fonte legítima de justiça a se recorrer em tempos de crise. A autoridade do monarca permanecia preservada em grande parte das lutas contra o "mau governo" não somente das autoridades *peninsulares*, mas também das elites *criollas*.

Mesmo com novas ideias circulando no Mundo Atlântico, o caráter unificador da figura real ainda se mostrava bastante vivo nesse período. A reivindicação por Fernando VII demonstra o quanto lógicas do Antigo Regime ainda estavam presentes. Entretanto, esse cristal, que parecia tão firme, logo se romperia, e o monarca protetor idealizado daria lugar a um Fernando VII tirano, opressor dos povos americanos e inimigo do continente.

Em 1819, por exemplo, diante de uma notícia falsa que chegara a América, acerca da morte do monarca Bourbon, um dos mais importantes personagens hispano-americanos do período afirmaria: "O tirano da Espanha morreu. O povo espanhol, desta vez justo, reivindicou a natureza, a razão, lavando suas manchas com o sangue de Fernando VII. O céu, que castigou um rei traidor, ingrato, parricida, deu ao gênero humano uma brilhante lição, e aos reis um exemplo formidável de que não se pode reinar sem equidade". Simón Bolívar, o autor dessas palavras, estava longe, portanto, de justificar suas ações em nome do rei. Como explicar essa guinada?

As revoluções hispânicas entre guerras, cortes e cartas

KINGSTON, JAMAICA, 1815

Em 6 de setembro de 1815, não foi travada nenhuma batalha importante, nem tampouco se iniciou nenhuma rebelião, sublevação ou invasão em qualquer ponto do Império Espanhol. Fazia pouco mais de um ano, Fernando VII retornara ao poder. A essa altura, já não era mais o monarca simbólico e idealizado por praticamente todos os grupos sociais da Monarquia Católica, cujo nome era muitas vezes evocado em favor de múltiplos e contraditórios interesses. Era, ao contrário, visto, em diversas partes do Novo Mundo, como o tirano que pretendia submeter suas antigas possessões americanas a qualquer custo e sufocar todo foco revolucionário que pudesse colocar em risco a recuperação de seus domínios.

Precisamente nesse momento, a insurgência popular na Nova Espanha vinha perdendo força. Seu líder, José María Morelos, seria preso e morto poucos meses depois. No

Peru, o vice-rei Abascal seguia garantindo que suas jurisdições se mantivessem como o principal bastião *realista* da América do Sul, a despeito de algumas tentativas de formação de juntas na região desde 1809 e de ameaças de levante que vinham ocorrendo em seu território desde 1811. A região do Rio da Prata, em especial, Buenos Aires e algumas províncias do interior, era agora o principal centro das lutas pelo rompimento dos laços com Madri. Em contraste, nas partes setentrionais da América do Sul, em áreas como a Nova Granada e a Venezuela, apesar dos muitos avanços dos *patriotas* (insurgentes) nos anos anteriores, tropas *realistas* haviam acabado de conseguir importantes vitórias. Nessas localidades, o quadro era, entretanto, de indefinição. Em fins de 1814, tropas *realistas* sob o comando do asturiano José Tomás Boves haviam retomado o poder na Venezuela. Na Nova Granada, os *patriotas* se encontravam divididos entre aqueles que defendiam a centralização política das ações em Bogotá e aqueles que se mostravam favoráveis a uma organização baseada em autonomias regionais. Essas clivagens se revelariam fatais aos defensores do rompimento com Madri, abrindo caminho para a conquista de posições daqueles que defendiam a permanência dos vínculos com a península ibérica.

Em 16 de fevereiro de 1815, batalhões comandados pelo general Pablo Morillo, chamado por seus aliados de *Pacificador*, começavam a deixar Cádiz, atravessando o Atlântico dispostos a debelar definitivamente a ameaça de rompimento dos laços que ainda uniam a Monarquia Católica. A princípio, o objetivo da missão de Morillo era retomar o Rio da Prata. Entretanto, a solidez das forças contrarrevolucionárias e o quadro de sublevação que persistia na região da Tierra-Firme fizeram com que o militar mudasse de estratégia. Considerava mais inteligente que se restabelecesse o controle peninsular sobre os territórios da Venezuela e da Nova Granada, unindo-se, posteriormente, à reação no Peru, para, enfim, partir para Buenos Aires com chances de vitória.

Em meio a essa série de reveses e às preocupantes notícias vindas da península, muitos dos *patriotas* que haviam lutado nesses territórios partiram, mesmo que apenas provisoriamente, para o exílio. Entre eles, o *criollo* caraquenho Simón Bolívar (1783-1830), que, em um navio de propriedade de um comerciante inglês, chamado Maxwell Hyslop, aportou em Kingston, na Jamaica, em 14 de maio de 1815. Nessa que era uma das mais importantes colônias da Inglaterra no Caribe desde meados do século XVII, Bolívar buscou arregimentar o máximo possível de recursos para retomar suas lutas na América do Sul, bem como tecer relações com os britânicos, pois necessitava de apoio estrangeiro para a causa da independência. Em Kingston, capital da ilha, no dia 6 de setembro de 1815, Bolívar não pegou em armas ou fez discursos públicos. Nessa data, ele tomou a pena para escrever uma carta – uma resposta de um "americano meridional" a "um cavalheiro da ilha", o comerciante inglês Henry Cullen. Essa carta seria publicada anos depois, em 1818, em um periódico jamaicano e ficaria para a posteridade como um dos textos mais importantes da época das lutas por independência. Analisando de modo bastante detalhado a conjuntura do período, Bolívar discutia na "Carta da Jamaica", como ficou conhecida, a situação das várias partes do Novo Mundo em suas lutas diante dos *peninsulares*; o imperativo, para o sucesso dessa empreitada, de uma união continental, ao menos no que se refere às regiões de colonização espanhola; a necessidade do apoio, para que alcançassem a independência, de uma rica e poderosa "nação liberal" – preferencialmente, a Inglaterra; e, curiosamente, a certeza, ao menos retórica, da vitória desse grande empreendimento de libertação.

O *Libertador* Simón Bolívar foi um dos personagens das independências mais representados pela pintura histórica e pelas artes plásticas desde o século XIX. (*Bolívar diplomático*, Rita Matilde de la Peñuela [Aita], *c.* 1860, Banco Central da Venezuela, Caracas, Venezuela)

Carta da Jamaica (1815)

"Com quanta emoção e gratidão leio a passagem da carta do senhor em que me diz que espera que 'os sucessos que se seguiram então às armas espanholas acompanhem agora a de seus contrários, os muito oprimidos americanos meridionais'! Eu tomo essa esperança por uma predição, se a justiça decide as contendas dos homens. O sucesso coroará nossos esforços porque o destino da América se fixou irrevogavelmente; o laço que a unia à Espanha está cortado; a opinião era toda sua força; por ela se estreitavam mutuamente as partes daquela imensa monarquia; o que antes as enlaçava, já as divide; maior é o ódio que nos inspirou a Península, que o mar que nos separa dela; menos difícil é unir os dois continentes que reconciliar os espíritos de ambos os países. O hábito à obediência; um comércio de interesses, de luzes, de religião; uma recíproca benevolência; uma terna solicitude pelo berço e a glória de nossos pais; enfim, tudo o que formava nossa esperança nos vinha da Espanha. Disso nascia um princípio de adesão que parecia eterno, embora a conduta relaxasse essa simpatia, ou, melhor dizendo, esse apego forçado pelo império da dominação. No presente, sucede o contrário: a morte, a desonra, tudo quanto é nocivo nos ameaça e tememos; tudo sofremos dessa desnaturada madrasta. O véu se rasgou, já vimos a luz e querem nos fazer voltar às trevas; romperam-se as cadeias; já fomos livres e nossos inimigos pretendem de novo nos escravizar. Portanto, a América combate desesperadamente, e raras vezes o desespero não traz consigo a vitória [...].

A América está sozinha, porque se encontra abandonada por todas as nações, isolada em meio ao universo, sem relações diplomáticas nem auxílios militares, e combatida pela Espanha, que possui mais elementos para a guerra do que nós furtivamente podemos adquirir.

Quando os sucessos não estão assegurados, quando o Estado é débil e quando as empresas são remotas, todos os homens vacilam, as opiniões se dividem, as paixões se agitam e os inimigos se animam para triunfar por esse fácil meio. Assim que estivermos fortes, sob os auspícios de uma nação liberal que nos empreste sua proteção, estaremos prontos para cultivar as virtudes e os talentos que conduzem à glória; então seguiremos a marcha majestosa em direção às grandes prosperidades a que está destinada a América Meridional; então as ciências e as artes que nasceram no Oriente e ilustraram a Europa voarão à Colômbia livre, que as convidará como um refúgio."

(Fonte: BOLÍVAR, Simón. "La Carta de Jamaica", escrita por Bolívar ["Contestación de un americano meridional a un caballero de esta isla"]. In: ______. *Doctrina del Libertador*. 3. ed. Caracas: Biblioteca Ayacucho/Banco Central de Venezuela, 2009, pp. 67-8, 86-7. Tradução do autor.)

Entretanto, a independência tão almejada ainda demoraria alguns anos para se concretizar plenamente. Bolívar que já vinha ocupando uma posição de destaque nas lutas da Venezuela, ao menos desde 1810, retornaria, no ano seguinte, à Tierra-Firme, para assumir de vez o protagonismo na condução dos derradeiros episódios desse processo revolucionário.

Natural de Caracas, aquele que viria a ser conhecido por seus contemporâneos e pela posteridade como *Libertador* nasceu em 1783 no seio de uma próspera família *criolla*, proprietária de terras e braços escravizados voltados para o cultivo do cacau. Bolívar, que se tornou órfão de pai e mãe antes de completar dez anos, foi criado e educado, sob a guarda de seu avô, como um legítimo herdeiro *criollo*. Seus cuidados ficaram sob os auspícios de uma ama, Hipólita, mulher negra e escravizada que serviu à família de Bolívar por toda a vida. Sua formação intelectual ficou a cargo de preceptores, entre os quais alguns célebres letrados do período, como Miguel José Sanz, Andrés Bello e Simón Rodriguez – este último, um fervoroso liberal radical, ainda hoje considerado seu grande mentor político e intelectual.

Como muitos jovens da elite de sua época, Bolívar passou temporadas de formação e sociabilidade na Europa, circulando por Madri, Paris, Viena e Roma, com escalas, ao retornar à América, por cidades importantes dos Estados Unidos, como Nova York, Boston, Filadélfia e Washington. Nesses anos, foi testemunha, dos dois lados do Atlântico, das diversas transformações produzidas pela crise do Antigo Regime e pelas grandes revoluções que haviam estourado na França e na América do Norte em fins do século anterior.

Em 1807, Bolívar retornou à sua terra natal pouco tempo depois das malsucedidas tentativas de invasão de Francisco de Miranda em Coro, sobre as quais tivera notícia ainda na Europa. Com o agravamento da crise que se seguiu à ocupação dos exércitos franceses à península ibérica e ao cativeiro de Fernando VII por Napoleão Bonaparte, após 1808, ele se viu cada vez mais enredado pelo ambiente de ebulição política que o cercava. Bolívar começou a se envolver em reuniões e conspirações *criollas* que haviam se tornado frequentes nos ambientes venezuelanos. Como veremos, a partir de 1810, um novo quadro começaria a ser desenhado nos territórios da Monarquia Católica dos dois lados do Atlântico. Bolívar se tornaria então um dos grandes protagonistas do período que estava em vias de começar.

Mapa 4 – As guerras de independência da América do Sul: o cenário norte

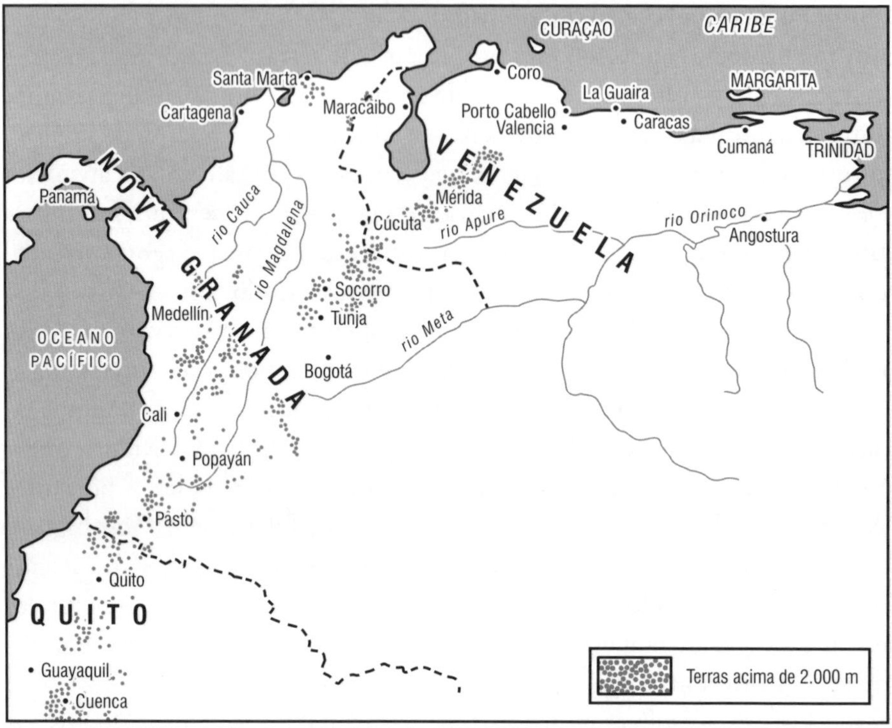

AS TEMERÁRIAS NOTÍCIAS DE CÁDIZ

Em meados de 1809, a Junta Central de Sevilha estava sendo pressionada a convocar, na ausência do rei, um dos órgãos mais importantes e tradicionais da Monarquia Católica: as chamadas Cortes. Esses instrumentos de representação, presentes ao longo de todo o Antigo Regime espanhol, tinham suas origens possivelmente no século XII, na península ibérica, e se constituíam em assembleias nas quais os monarcas se colocavam, tradicionalmente, diante das corporações do Reino. De modo geral, as Cortes eram convocadas, dentre outros motivos, para ratificar decisões reais, sucessões do trono e aumentos de impostos, mas também funcionavam como espaços para reivindicações e para a demonstração de insatisfação por parte dos súditos. Na *monarquia compósita* espanhola, as Cortes estavam espalhadas por diversas regiões da península ibérica e significavam, frequentemente, a principal forma de representação dos vários "reinos" e "corpos" que se vinculavam à Coroa.

Por volta desse período, havia, contudo, muitas dúvidas a respeito de sua convocação em meio às guerras com a França napoleônica. Para alguns, poderia significar a consolidação dos laços que uniam a "nação espanhola", entendida então como uma coletividade composta tanto pelos "espanhóis" *peninsulares* quanto pelos "espanhóis" que viviam no ultramar. Para outros, por sua vez, poderia intensificar o quadro revolucionário que começava a se desenhar dos dois lados do Atlântico. A despeito dessas visões conflitantes, as Cortes se apresentavam, para muitos atores daquele momento, como uma das parcas possibilidades de representação legal dos "corpos" da Monarquia diante da instabilidade e da indefinição no que tange à questão da soberania no Império Espanhol.

Mesmo considerando que as Cortes eram instituições típicas do Antigo Regime, pode-se dizer que os debates a seu respeito, que começaram a se intensificar a partir de 1808, também traziam perspectivas *modernas*, pois alguns entendiam que essa instância deveria funcionar a partir de então como um parlamento de novo tipo, incorporando funções legislativas e mobilizando a participação não mais de estamentos, mas de indivíduos em suas decisões.

No primeiro dia de janeiro de 1810, diante de uma série de vitórias francesas que foram se sucedendo na península em fins do ano anterior, a Junta Central se decidiu, enfim, pela convocação das Cortes. Ao longo de sua vigência – a despeito dos que as concebiam apenas como um órgão de apoio diante do delicado quadro de guerra que havia se intensificado na Espanha, em especial, os setores mais conservadores entre aqueles que faziam parte da resistência aos franceses –, as Cortes foram se constituindo de fato, à feição de uma assembleia nacional moderna, com representação individual e autoridade constituinte e legislativa.

O anúncio das Cortes, que deveriam se iniciar em setembro daquele mesmo ano, correu, paralelamente, aos avanços dos exércitos napoleônicos sobre o sul da Espanha, em especial, sobre Sevilha, o que obrigou à transferência da Junta Central para a Ilha de León (atual San Fernando), em Cádiz, onde a resistência teria a proteção dos ingleses. Contudo, no fim de janeiro, a Junta Central teve que ser dissolvida. Em seu lugar, foi criado um Conselho de Regência composto por cinco membros, entre os quais um americano, o novo-hispano Miguel Lardizábal y Uribe. Ficou definido que essa nova instância deveria governar a Monarquia até o retorno do rei. A convocação das Cortes, a transferência dos órgãos governativos centrais para Cádiz e a criação do Conselho de Regência se apresentavam como soluções de emergência diante do periclitante panorama peninsular.

Entretanto, quando as notícias da Espanha atravessaram o Atlântico, as relações entre as partes europeias e os territórios americanos da Monarquia Católica se viram em meio a uma crise sem precedentes. Diante de uma península ibérica praticamente toda ocupada pelas tropas francesas, a insatisfação no que dizia respeito à dissolução da Junta Central e à criação do Conselho de Regência levou grande parte da América então espanhola a se levantar em favor da criação de mecanismos de autogoverno locais, a princípio, em nome de Fernando VII, dentre outros fatores, em virtude do forte temor de que também os territórios hispano-americanos caíssem nas mãos de Napoleão Bonaparte.

Além disso, uma série de conflitos sociais e de projetos políticos distintos começou a se tornar evidente no Novo Mundo. De modo geral, as disputas que começaram a se processar, a partir de abril de 1810, se dariam entre algumas vertentes de opinião principais. Havia os que achavam que, na ausência do rei, a soberania deveria retornar diretamente aos *pueblos*, ou seja, que não consideravam que o Conselho de Regência ou as Cortes possuíssem qualquer autoridade sobre os territórios da Monarquia. Mas havia, da mesma forma, os que aceitavam a autoridade de Cádiz. Como as elites, em particular, as *criollas*, mas também as *peninsulares*, de modo geral, dividiram-se a esse respeito, em diversos pontos das Américas começou a estourar uma série de guerras civis. Combinados a essa clivagem fundamental, outros conflitos passaram também a emergir, provocados por divergências de ordem social, étnica e regional.

Como se nota, a realidade era mais complexa do que evidenciam as narrativas históricas mais convencionais sobre a dicotomia entre *patriotas criollos* e *realistas peninsulares*. Na verdade, era possível encontrar *peninsulares*, *criollos*, mestiços, indígenas e negros livres e escravizados na defesa das mais diversas posições ao longo desses anos conflituosos. Além disso, a convocação das Cortes de Cádiz contribuiu para a existência, nas disputas desse período, não somente de partidários do rompimento total com a Espanha e arautos da manutenção do *status quo* nas relações entre a metrópole ibérica e suas colônias americanas, mas também daqueles que advogavam a união dos territórios espanhóis dos dois lados do Atlântico sob uma monarquia constitucional e federativa, na qual as autonomias regionais do Novo Mundo estariam garantidas e sem que houvesse qualquer preeminência efetiva de Madri sobre as demais localidades do Império.

OS PRIMEIROS EMBATES NA VENEZUELA

Na Venezuela, as notícias da dissolução da Junta Central de Sevilha e da convocação das Cortes de Cádiz aportaram em La Guaira em meados de abril de 1810. No dia 19 daquele mês, uma Quinta-Feira Santa, em uma reunião do *ayuntamiento* de Caracas, decidiu-se por não reconhecer a autoridade das novas instâncias formadas no extremo sul da Espanha. Em outro sentido, optou-se pela destituição do capitão-geral Vicente Emparán, que havia substituído Juan de Casas no cargo meses antes, bem como pelo estabelecimento de uma instância governativa, a qual foi nomeada como Junta Suprema Conservadora dos Direitos de Fernando VII, também conhecida como Junta Suprema de Caracas. A resolução foi apoiada pelas principais autoridades civis, eclesiásticas e militares da região, entre as quais podiam se contar não somente *criollos*, mas também muitos *peninsulares*. Deposto, Emparán, juntamente a alguns funcionários espanhóis, foi colocado em um navio e enviado para a Espanha.

As elites caraquenhas, formadas pelos grandes proprietários de terra, principalmente pelos plantadores de cacau, e por muitos comerciantes *peninsulares*, a despeito de suas muitas discordâncias, interesses e origens diversas, agiram, de modo geral, de forma consensual no que concerne à formação dessa nova instância governativa. Entretanto, nos demais territórios da capitania, nem todos se decidiram por aderir à Junta Suprema. Coro, Maracaibo e Guayana, por exemplo, recusaram a iniciativa da capital e proclamaram seu alinhamento ao Conselho de Regência de Cádiz. Em outubro de 1810, foram enviadas tropas pelas autoridades da capital. Comandadas pelo militar Francisco Rodriguez del Toro, tinham o objetivo de submeter Coro às ordens da Junta Suprema de Caracas. Esse fato é frequentemente apontado como o marco de início da guerra civil que perduraria na Venezuela até 1823. Em meio a esses conflitos iniciais, Cumaná, Barinas, Trujillo, Mérida e Margarita resolveram seguir as resoluções das autoridades caraquenhas, mas outras localidades, como Barcelona, no oriente venezuelano, buscaram estabelecer suas próprias juntas governativas. No caso de Barcelona, proclamava-se sua autonomia não somente em relação a Cádiz ou a Caracas, mas também a Cumaná, circunscrição territorial a que os barceloneses se encontravam então submetidos.

Logo de início, a Junta Suprema de Caracas procurou realizar uma série de reformas de ordem econômica e social tanto para atender aos interesses dos grupos dominantes quanto para atrair o apoio dos setores populares. Entre as medidas tomadas pelos *junteros* (os membros da junta) estavam o estabelecimento do livre-comércio, a abolição das *alcabalas*, o fim dos tributos indígenas e a proibição do tráfico de escravos, embora não da escravidão. Além disso, ficou decidido que seria convocado um parlamento a ser reunido em Caracas, em março de 1811, com representantes das diversas províncias venezuelanas.

Para garantir o apoio externo, a Junta Suprema de Caracas enviou representantes às Antilhas, a Santa Fé de Bogotá, aos Estados Unidos e à Inglaterra. A Londres, foram mandados como emissários do novo governo o letrado Andrés Bello, o advogado Luis López Méndez e o então jovem Simón Bolívar, que buscaram dialogar com as autoridades britânicas e também se encontraram com o velho líder rebelde Francisco de Miranda.

Em julho do ano anterior, havia se constituído, na capital, um grupo composto por advogados, letrados, pequenos comerciantes, padres, bem como por alguns aristocratas caraquenhos, entre os quais o próprio Simón Bolívar, organizado em torno da chamada Sociedade Patriótica de Caracas. Os membros dessa agremiação começaram a fomentar e difundir um ideário com posições consideradas, à época, radicais, em especial, quando comparadas à relativa moderação da Junta Suprema. Diferentemente dos demais setores das elites e das camadas médias caraquenhas, que nem sequer cogitavam qualquer rompimento com Fernando VII, entre os membros dessa facção já começavam a circular argumentos em defesa do rompimento com a península ibérica.

Em novembro de 1810, o Conselho de Regência tentou reagir às demonstrações de autonomia da Junta Suprema de Caracas, impondo à Venezuela o reconhecimento da autoridade de Cádiz, por meio da nomeação de um novo capitão-geral, Fernando Miyares, então governador de Maracaibo, bem como pela determinação do fim do livre-comércio que vinha sendo praticado na região em virtude das guerras atlânticas travadas desde a década anterior, em especial, com a Grã-Bretanha. Embora as autoridades de Coro, Maracaibo e Guayana tenham comemorado essas decisões vindas do ultramar, a Junta Suprema decidiu por não as acatar, levando, como reação, o que restava da autoridade *peninsular* a decretar, por meio da utilização de efetivos militares provenientes de Cuba e de Porto Rico, um bloqueio dos portos venezuelanos.

Esse panorama de crise pareceu ser propício para o retorno de Francisco de Miranda à Venezuela. O general foi autorizado a pisar novamente em sua terra natal por volta de dezembro de 1810, mesmo despertando o temor de importantes setores das elites caraquenhas, informadas

das ações ocorridas anos antes em Coro, bem como de sua atuação nas cortes europeias em favor do rompimento dos territórios americanos com a Espanha. Em Caracas, Miranda aproximou-se da Sociedade Patriótica e passou a fazer propaganda, entre os setores ricos e ilustrados da capital, da causa da independência. A despeito do crescimento dessa corrente de opinião nos territórios venezuelanos, ainda em meados de 1811, de modo geral, a aristocracia *criolla* venezuelana, embora defendesse com afinco a causa da autonomia, não estava plenamente convencida das vantagens que a quebra dos laços com a "Mãe Pátria" poderia trazer.

Em 2 de março de 1811, iniciaram-se em Caracas as sessões do parlamento. Por meio de seus congressistas, as sete províncias que compunham as jurisdições da antiga capitania-geral (Caracas, Cumaná, Barinas, Margarita, Barcelona, Mérida e Trujillo) se proclamaram como Confederação Americana da Venezuela. Mesmo reiterando sua fidelidade a Fernando VII, a maior parte dos congressistas declarava-se a favor da autonomia da região, ainda que não da independência. A temática da escravidão permaneceu escamoteada nos debates da assembleia, assim como a questão da tolerância religiosa, ambos os temas responsáveis produzir muitas divisões entre os diversos setores sociais venezuelanos e, particularmente, entre as suas elites.

Como resultado dos debates travados entre os deputados, foram proclamados, no dia 1º de julho, os *Derechos del Pueblo*, em que ficavam definidos novos critérios para participação política dos cidadãos, caracterizando os que tinham direito ao sufrágio, no caso, os proprietários, e aqueles não podiam votar, ou seja, os demais setores da população. Essa divisão resultava, como se pode depreender, na quase completa exclusão de negros, *zambos* e *pardos* do direito ao voto. No dia 5, diante da ação dos grupos mais radicais da assembleia, entre os quais estavam Miranda e Bolívar, foi proclamada a Independência da Venezuela, instituindo-se então a república como forma de governo e adotando, como símbolo nacional, a bandeira tricolor, amarela, azul e vermelha, tal qual havia idealizado Miranda anos antes para sua sonhada *Colombia*.

Em 21 de dezembro, vinha à luz, na Venezuela, uma Constituição que abolia os estamentos, os privilégios legais e o tráfico de escravizados, mantendo, porém, a escravidão. Para o controle dos escravizados, por meio dessa nova legislação, foi criada a guarda nacional. Na esfera política, adotou-se um sistema federalista, no qual se previa uma forma de organização do governo baseada em um poder legislativo forte e em um poder executivo frágil, este último exercido por um triunvirato, no qual as funções governativas seriam cumpridas de modo rotativo. Tratava-se, no limite, de uma Constituição das elites e para as elites.

Diante das divisões produzidas nesse período, a nova Carta não foi aceita em cidades como Coro, Maracaibo e Guayana. Além disso, uma série de motins eclodiu nos arredores de Caracas e em Valencia, nas proximidades de Puerto Cabello, onde a população havia se declarado fiel ao Conselho de Regência de Cádiz.

De modo geral, o novo regime, comandado fundamentalmente pela aristocracia *criolla,* não conseguiu angariar grande apoio popular. Negros, *zambos, mulatos* e *castas* tinham sérias desconfianças em relação às elites venezuelanas, em especial aos plantadores de cacau também chamados de *mantuanos.* Em contrapartida, como vimos, as instâncias da Monarquia eram vistas por muitos deles na época como um caminho para a busca de justiça diante da exploração praticada pelos grandes proprietários de terra e pelos senhores de escravos. Essa situação contribuiu, em grande medida, para a constituição de uma aliança, mais ou menos declarada, nos primeiros anos dos conflitos na Venezuela, entre os defensores da causa *realista,* muitos dos quais antigos funcionários *peninsulares* e membros do clero, e boa parte de negros e *pardos,* que se mostrava, ao menos em um primeiro momento, fiel à causa da Coroa.

No início de março de 1812, em meio às tensões sociais, étnicas e regionais vivenciadas na Venezuela, começaram a desembarcar em Coro tropas vindas de Porto Rico, comandadas pelo capitão canário Domingo Monteverde, com o objetivo de recuperar por meio das armas territórios para as forças *realistas.* Em muitas regiões, como dissemos, estas contavam com uma relevante adesão dos setores populares, em especial, dos negros e dos *pardos.* Além da série de vitórias militares que obteve, Monteverde contou ainda com um implacável apoio da natureza: na Quinta-Feira Santa de 1812, em 26 de março, um terremoto atingiu as regiões de Caracas, La Guaira, Barquisimeto, Mérida e San Felipe, importantes redutos independentistas. Como a maior parte das regiões *realistas* não foi acometida pelos tremores, muitos defensores da manutenção dos laços com a península ibérica, em especial, membros do clero, passaram a sustentar que o terremoto era um castigo divino pelos caminhos que a Venezuela havia tomado nos últimos meses.

Na República recém-criada, Miranda foi nomeado, com o apoio da Sociedade Patriótica, chefe do exército e, posteriormente, governante com plenos poderes, tanto civis quanto militares. Durante seu efêmero mandato, o velho general ordenou a prisão de todos os *peninsulares* que estivessem contra o governo, bem como prometeu liberdade aos escravizados que servissem às milícias do novo regime por um prazo de 10 anos. Esta última medida surtiu efeitos opostos ao que se esperava. Por um lado, desagradou boa parte das aristocracias *criollas*, formadas por grandes senhores escravistas, os quais deixaram de apoiar Miranda. Por outro, não foi capaz de arregimentar um número significativo de cativos para a causa da independência, dado que os escravizados, que confiavam mais nos membros do clero que nos *mantuanos*, preferiram, na maioria das vezes, lutar ao lado dos defensores da Coroa espanhola, em vez de se arriscar ao lado das elites *criollas*.

Nesse quadro de guerra civil, após Miranda se vir obrigado a transferir a capital para Valencia, os exércitos que lutavam em favor dos *realistas*, compostos por muitos negros e mestiços, tomaram Caracas. Por sua vez, Bolívar não conseguiu manter o controle sobre Puerto Cabello, até então um reduto das tropas republicanas, o que levou os independentistas à rendição. A capitulação dos *patriotas* em San Mateo para os exércitos de Monteverde, em 25 de julho de 1812, marcou o fim da chamada Primeira República Venezuelana.

Miranda, de quem se dizia estar tecendo acordos com Monteverde sem o consentimento de seus oficiais, foi acusado pelos *patriotas* de traição. Entregue por Bolívar e seus aliados aos *peninsulares*, o velho general foi preso, inicialmente, em La Guaira, e depois em Porto Rico. Após o retorno de Fernando VII ao trono, Miranda seria enviado para o cárcere em Cádiz, onde morreria na prisão de La Carraca em 14 de julho de 1816.

Na sequência da derrota dos independentistas, Monteverde assumiu o poder como capitão-geral. Os líderes do governo anterior foram perseguidos, muitos foram presos, embora alguns tenham conseguido fugir. Como grande parte deles eram senhores de terras e de escravizados, tiveram seus bens confiscados pelas autoridades *realistas*. Entre estes últimos, Simón Bolívar, que, desde seu exílio, em Cartagena de Índias, começaria a organizar seu retorno à Venezuela.

REVOLUÇÃO E GUERRA EM NOVA GRANADA

Conforme visto nos capítulos anteriores, os últimos anos do século XVIII haviam sido conturbados nas circunscrições do Vice-Reinado de Nova Granada em razão da Rebelião dos Comuneros, iniciada em Socorro, em 1781. Além disso, na década de 1790, em meio ao turbilhão que se formara em torno da Revolução Francesa, da Revolução de São Domingos e, por consequência, das dificuldades proporcionadas pelas guerras atlânticas envolvendo a Espanha, a França e a Inglaterra, importantes transformações ocorreram também na capital desse vice-reinado.

Por volta de 1794, um jovem comerciante bogotano de origem *criolla* chamado Antonio Nariño foi preso por promover a impressão de uma tradução da Declaração dos Direitos do Homem e do Cidadão, documento fundamental da Revolução Francesa de 1789, bem como por fomentar a produção de panfletos contra as autoridades peninsulares do vice-reinado. Condenado à prisão em Cartagena de Índias, conseguiu escapar, chegando a Paris e Londres, onde buscou, assim como Francisco de Miranda, apoio entre os súditos de Sua Majestade Britânica, para apear os *peninsulares* do governo de Nova Granada. A despeito das perseguições a Nariño, muitas insatisfações continuariam sendo expressas por *criollos*, com cada vez mais força, ao longo dos anos seguintes.

Em 1809, por exemplo, em meio aos desdobramentos que se seguiram às abdicações de Baiona e às eleições para a Junta Central em Sevilha, um letrado *criollo* chamado Camilo Torres, em nome dos americanos neogranadinos organizados em torno do *cabildo* de Santa Fé, redigiu uma representação para ser enviada para as autoridades de Sevilha, conhecida como *Memorial de Agravios*, na qual apresentava uma série de insatisfações e demandas *criollas*. Nesse documento, criticava as distinções entre americanos e *peninsulares*, defendia novas medidas econômicas que promovessem o desenvolvimento da região da Nova Granada e exigia a igualdade entre os súditos das várias partes da Monarquia.

As primeiras notícias da Europa começaram a chegar a Santa Fé de Bogotá por volta de maio de 1810. Emissários vindos do sul da Espanha procuravam garantir apoio ao Conselho de Regência não somente na capital da Nova Granada, mas também em cidades importantes, como Quito e Lima. Com a anuência dos representantes *peninsulares*, começaram a se formar então juntas governativas locais, inicialmente, em Cartagena, e, depois, em outras cidades como Cali, Pamplona e Socorro, a princípio todas submetidas a Cádiz.

Diferentemente do que ocorrera na Venezuela, nos demais territórios pertencentes às jurisdições do Vice-Reinado de Nova Granada, entre os quais a Audiência de Quito, os emissários do Conselho de Regência de Cádiz fomentaram a constituição de juntas autônomas, independentes das instâncias governativas anteriores, no caso, os tribunais da Audiência e os vice-reinados. A estratégia do novo governo central peninsular, sediado na Andaluzia, era estabelecer vínculos diretos com os novos poderes locais em formação, destituindo quadros administrativos precedentes e garantindo um controle sobre os novos órgãos governativos nos territórios americanos da Monarquia.

Como é possível notar, ao longo de 1810, o estabelecimento de juntas se apresentava para as elites *peninsulares* ou *criollas* como a constituição de um novo espaço de soberania enquanto o rei não pudesse governar. Entretanto, como ficará evidente, essa manobra dos enviados de Cádiz, que buscavam ascendência sobre as novas instâncias governativas formadas na América, não seria bem-sucedida. O fato é que, nesses novos poderes instituídos, ficariam evidentes as contradições da sociedade colonial, e novas soluções, projetos e experiências começariam a ser concebidos diante da crise de legitimidade da Monarquia Católica.

Em 20 de julho, em consonância com o que estava ocorrendo em outras regiões do vice-reinado, o próprio *ayuntamiento* de Bogotá instituiu uma Junta Suprema, presidida, em um primeiro momento, pelo então vice-rei Amar y Borbón, também, a princípio, alinhada ao Conselho de Regência. A moderação dessa junta desagradou, entretanto, os grupos que defendiam mudanças mais profundas na sociedade neogranadina, como os *criollos* mais jovens liderados por José María Carbonell e os setores populares, em especial, os *pardos* que viviam em Santa Fé de Bogotá. Nos dias seguintes, distúrbios começaram a ocorrer na capital. Amar y Borbón acabou preso por ordem da Junta Suprema e enviado para a Espanha. Em seguida, foi decretada a revogação da adesão dos bogotanos ao Conselho de Regência, bem como a autonomia do governo de Santa Fé de Bogotá em relação a qualquer autoridade *peninsular*.

Iniciava-se, a partir desses eventos, um período conhecido, na historiografia colombiana, como *Pátria Boba* ou Primeira República de Nova Granada (1810-1816). Esta última denominação é, entretanto, bastante imprecisa. Isso porque, excluindo-se os territórios da capitania-geral da Venezuela e da Audiência de Quito, ou seja, nas regiões em que hoje se localizam as repúblicas da Colômbia e do Panamá, começaram a se formar diversas estruturas governativas que rivalizavam entre si e não uma "República de Nova Granada" propriamente dita. Durante esses anos, além dos conflitos dos autonomistas com os setores sociais que defendiam a manutenção dos laços entre os territórios neogranadinos e a península ibérica, intensificaram-se também importantes disputas entre os arautos de um poder mais centralizado em Santa Fé de Bogotá e as diversas províncias que não pretendiam se submeter à autoridade bogotana. Já em 1810, regiões como Popayán, Santa Marta e o Panamá preferiram declarar fidelidade ao Conselho de Regência em Cádiz a se alinhar à capital. Além disso, intensificou-se, nesses territórios, uma profunda rivalidade, que persistiria pelos anos seguintes, entre Bogotá, principal centro do antigo vice-reinado neogranadino, e Cartagena de Índias, sua principal cidade portuária.

Em meio a uma Nova Granada dividida pelas muitas tensões regionais existentes entre as diversas porções do território, a Junta Suprema convocou, em março de 1811, uma assembleia para que fosse escrita uma Constituição para os territórios neogranadinos. Esse congresso, que pretendia centralizar o poder da região do antigo vice-reinado em Santa Fé de Bogotá, embora ainda não advogasse uma independência definitiva em relação à Espanha, decretou a criação do Estado de Cundinamarca, território que se pretendia autônomo, mas ainda integrante da Monarquia de Fernando VII. Como se nota, o conceito de "independência" ainda não havia adquirido, nesse período, o sentido de emancipação política no que concerne à metrópole ibérica de que seria investido posteriormente. Nesses primeiros anos de conflitos em Nova Granada, os significados desse conceito se aproximavam mais frequentemente da busca por uma autonomia maior regional sem que necessariamente houvesse a quebra dos vínculos com o Império Espanhol. Assim como a Constituição da Venezuela, promulgada naquele mesmo ano, a Carta neogranadina de 1811 previa um legislativo forte e um executivo fraco, dirigido por um presidente que atuaria como uma espécie de regente do monarca espanhol. Nesse contexto, Jorge Tadeo Lozano, o primeiro a ocupar esse posto, convidou as várias províncias da Nova Granada, entre as quais Quito, para participarem de uma reunião em Santa Fé de Bogotá, com o objetivo de estabelecer, em conjunto, uma confederação. Com isso, pretendia que as diversas localidades anteriormente pertencentes ao Vice-Reinado de Nova Granada fossem incorporadas ao Estado de Cundinamarca.

Entretanto, nessa época, a situação das jurisdições neogranadinas era bastante complexa. Parte de seus territórios, em particular, Santa Marta, Riohacha e o Panamá, defendia um alinhamento aos setores *realistas*. Os grupos autonomistas se dividiam, por sua vez, entre os *moderados*, partidários da manutenção dos laços com a Monarquia espanhola, e os *radicais*, arautos da independência (já no sentido de emancipação política em relação à metrópole ibérica). Além disso, começaram também a se intensificar clivagens de cunho regional entre, por um lado, os *centralistas*, que buscavam impor a autoridade de Santa Fé de Bogotá sobre as demais províncias, entre os quais ganhava cada vez mais protagonismo Antonio Nariño, que substituíra Lozano na presidência do Estado de Cundinamarca, e, por outro, os *federalistas*, defensores das autonomias locais, encabeçados por Camilo Torres.

No final de 1811, em meio aos múltiplos conflitos políticos e regionais, as antigas jurisdições do vice-reinado, já descontados os territórios da Venezuela e de Quito, estavam divididas em três circunscrições principais: além dos territórios *realistas* (Panamá, Santa Marta e Riohacha) e do Estado de Cundinamarca (ao qual se incorporaram igualmente as regiões de Chocó e Mariquita), formaram-se também, por volta desse período, as Províncias Unidas de Nova Granada (englobando Cartagena de Índias, Antioquia, Pamplona, Socorro, Tunja, Casanare, Vale do Cauca e Neiva). Essa estrutura governativa autodenominada Províncias Unidas de Nova Granada, que pretendia constituir nas circunscrições do antigo vice-reinado uma república federativa, rivalizava tanto com as regiões alinhadas a Cádiz quanto com o centralismo pretendido por Santa Fé de Bogotá e o Estado de Cundinamarca. Em fins de 1812, essas profundas divisões regionais desembocaram em uma guerra civil que se prolongaria pelos anos seguintes. Embora, em alguns momentos, tenha havido uma aliança estratégica entre os *centralistas*, comandados por Nariño, e os *federalistas*, liderados por Torres, contra os *realistas*, os conflitos que persistiriam pelos anos seguintes envolveram essas três grandes facções.

Simón Bolívar e outros emigrados venezuelanos chegaram a Cartagena de Índias em 1812, onde se alinharam imediatamente ao governo das Províncias Unidas, então em guerra contra as tropas *realistas* da vizinha região de Santa Marta, que haviam acabado de conquistar Pasto e Popayán. Antes de retornar à Venezuela, em meados de 1813, Bolívar obteve uma importante vitória contra os partidários da Coroa em Cúcuta, o que levou Camilo Torres a nomeá-lo brigadeiro-geral da federação.

A despeito da vitória do líder venezuelano em terras neogranadinas e de uma aliança momentânea entre *centralistas* do Estado de Cundinamarca e *federalistas* das Províncias Unidas de Nova Granada, os últimos meses de 1813 e os primeiros de 1814 foram marcados por importantes vitórias dos *realistas*. Em maio de 1814, Antonio Nariño, que liderava a coalizão autonomista, foi preso e enviado para Cádiz. Por volta desse período, a maior parte das jurisdições neogranadinas havia voltado às mãos daqueles que defendiam a união com os *peninsulares*.

Em Nova Granada, Bolívar, mesmo diante dos avanços *realistas*, conseguiu organizar exércitos para combater em seu retorno à Venezuela.

Enquanto o líder caraquenho estava no exílio, mantiveram-se nos territórios da restabelecida capitania-geral, agora sob o controle de Monteverde, focos de resistência liderados pelos *criollos* Santiago Mariño e Francisco Bermúdez, bem como pelo *pardo* Manuel Piar. Por sua vez, grande parte das populações de origem africana – escravizados, negros livres e *pardos* – que haviam lutado anteriormente contra o governo dos *criollos*, destituído cerca de um ano antes, vinham demonstrando, em meados de 1813, grandes insatisfações em relação ao domínio de Monteverde que não atendia às suas demandas (fica evidente que sua luta não se resumia à defesa ou oposição à causa da independência; para essas populações, muito mais estava em jogo).

Em meio a importantes vitórias de Piar, no oriente, Bolívar começava a ganhar terreno no ocidente, declarando, em julho de 1813, "guerra de morte aos *espanhóis*", ou seja, conclamando que todos os *peninsulares* que não estivessem lutando pela causa da independência fossem exterminados pelos exércitos *patriotas*. Em agosto, as tropas bolivarianas tomaram de assalto Caracas, após Monteverde fugir da capital. Começava assim a Segunda República Venezuelana, que seria derrubada meses depois pela ação do general *realista* José Tomás Boves. Após ser derrotado por Boves, Bolívar voltaria à Nova Granada, mais precisamente, a Cartagena, onde encontraria o ambiente bastante conflagrado. Depois disso, partiu para o exílio na Jamaica.

ASCENSÃO E QUEDA DA CONSTITUIÇÃO DE CÁDIZ

Em 24 de setembro de 1810, começaram os trabalhos das Cortes de Cádiz. Inicialmente, reuniram-se, no sul da península ibérica, cerca de 104 deputados, dentre os quais 29 eram representantes dos territórios ultramarinos (Américas e Filipinas), embora todos na condição de suplentes. Ao longo da vigência dessa legislatura, entre 1810 e 1813, atuaram nas Cortes por volta de 300 delegados, entre os quais mais de 60, entre titulares e suplentes, eram emissários das Índias. Em termos proporcionais, cerca de um terço das cadeiras era ocupado por eclesiásticos; um sexto, por nobres; e o restante, por grupos que, nas sociedades de Antigo Regime, compreendiam o chamado "terceiro estado", frequentemente, pessoas das camadas letradas médias e altas da sociedade.

No início dos trabalhos, as Cortes de Cádiz se declararam como a principal instância de representação dos *pueblos* nos quadros da Monarquia espanhola, arrogando para si o papel de guardiãs da soberania nacional. Além disso, apropriaram-se das funções legislativas do governo, sob os protestos do Conselho de Regência, entendido a partir de então apenas como o órgão que ocuparia o poder executivo enquanto o rei estivesse ausente. Diante da contrariedade dos regentes em relação ao que consideravam uma usurpação de suas funções, as Cortes determinaram sua prisão e a instituição de um novo corpo de conselheiros.

Já nos primeiros debates, ficou evidente a existência de dois grandes partidos nas Cortes: os *liberais*, que defendiam que a Espanha deixasse de ser uma formação política de Antigo Regime e se tornasse uma monarquia constitucional de corte moderno; e os *servis* ou *absolutistas*, partidários da manutenção de privilégios e direitos tradicionais dos estamentos e do monarca. No mais, eram evidentes também as clivagens entre os deputados nascidos na Europa e nas Américas, em virtude da chamada *questão americana*, já que os representantes dos territórios ultramarinos do Império desejavam igualdade política e econômica em relação aos *peninsulares*, algo que os espanhóis europeus, de modo geral, não desejavam conceder.

A primeira grande contenda entre esses grupos relacionou-se aos critérios usados para o cálculo do número de deputados que teriam direito a representar as diversas jurisdições da Monarquia dos dois lados do Atlântico: a população do Novo Mundo era superior à da península, o que daria uma vantagem numérica aos americanos em relação aos europeus na assembleia; a contagem das populações indígenas, afrodescendentes e mestiças (*castas*) era, nesse sentido, uma questão, dado que a incorporação ou não desses grupos na contabilidade das diversas regiões influenciava de modo direto na proporção dos representantes eleitos para as Cortes nas legislaturas seguintes. Em meio a tensas discussões em torno desse tema, os congressistas terminaram por decidir que os indígenas, na condição de súditos da Monarquia, deveriam contar nos critérios de representatividade nas Cortes. Em contrapartida, os negros e seus descendentes, entre os quais os pertencentes às *castas*, seriam completamente excluídos da conta. Entre as principais demandas dos deputados americanos estavam a liberdade para a prática do comércio e para o estabelecimento de indústrias no Novo Mundo; a livre circulação de mercadorias entre os portos da América e as Filipinas; o fim da proibição da presença dos jesuítas nos territórios da Monarquia dos dois lados do Atlântico; e a igualdade para a admissão de *criollos*, indígenas e mestiços nos cargos civis, eclesiásticos e militares nas diversas alçadas da Monarquia.

Por mais de um ano e meio, os debates foram sendo conduzidos pelas Cortes, em geral, de modo bastante tenso e em meio a uma série de cisões, conflitos e, inclusive, ofensas por parte dos deputados *peninsulares*, ciosos da manutenção da maioria europeia na assembleia, dos monopólios de Cádiz sobre o comércio ultramarino e da proeminência dos europeus nos principais postos da Monarquia.

A despeito disso, embora houvesse uma clara divisão entre *europeus* e *americanos* nas Cortes, diversas temáticas envolvendo a *questão americana* não deixavam de causar dissensões também no interior desses mesmos grupos. Muitos *peninsulares*, por exemplo, estavam de acordo em relação à ampliação da representação do Novo Mundo no total da assembleia, o que não era, de modo algum, um ponto pacífico para os deputados nascidos na Europa. Entre os representantes ultramarinos, profundas divergências eram sentidas em temáticas associadas à abolição da escravidão e à possibilidade de indígenas e *castas* ocuparem cargos civis, eclesiásticos e militares nas diversas alçadas da Monarquia. Não havia acordo também no que dizia respeito ao livre-comércio, defendido ardorosamente pelas cidades portuárias das Américas e visto com profundas reservas por algumas regiões, em especial, aquelas em que a produção de tecidos era bastante pujante, como Nova Espanha e Quito, que temiam que suas manufaturas entrassem em decadência diante dos preços menores dos artigos europeus, principalmente, ingleses.

Interessava ainda aos deputados americanos uma reorganização político-administrativa do Império. No que concerne às Américas, as Cortes acabaram determinando o fim do cargo de vice-rei e o rebaixamento das audiências a instâncias de ordem exclusivamente judicial. Criaram deputações provinciais de modo a ampliar a participação política local em detrimento do poder dos intendentes designados pela Coroa. Autorizaram ainda a formação de um maior número de *ayuntamientos*, fortalecendo as municipalidades menores tanto na península quanto nos territórios ultramarinos.

Após cerca de um ano e meio de debates, em março de 1812, a Constituição de Cádiz foi aprovada. O documento aliava elementos tradicionais ibéricos e hispano-americanos a ideias liberais que começavam a ganhar terreno dos dois lados do Atlântico. Fruto não somente das intenções peninsulares, mas também do empenho dos deputados americanos, apresentava-se como um resultado das interações entre a península e os territórios ultramarinos. Por meio dessa nova legislação, a Espanha passaria a se constituir em uma monarquia constitucional, subordinada, portanto, ao parlamento. A "nação espanhola" seria então definida como a "união de todos os espanhóis de ambos os hemisférios".

Embora garantisse uma série de direitos individuais, entre os quais, a liberdade de expressão, simbolizada pela abolição da Inquisição, não estava prevista, na Constituição de Cádiz, a liberdade de culto. A monarquia seguia sendo fundamentalmente católica. Já as diversas formas de trabalho compulsório, como a *mita,* e os tributos próprios às populações indígenas foram extintos.

As demandas dos *criollos* em relação ao livre-comércio não foram plenamente atendidas e a cidadania dos grupos afrodescendentes foi negada, a menos quando prestassem "serviços relevantes" à coletividade espanhola (em outras palavras, quando atendessem às expectativas das elites brancas, *peninsulares* ou *criollas*, atuando de acordo com os seus interesses e também com os da Monarquia).

Do ponto de vista peninsular, a Constituição promulgada se apresentava, de modo geral, como bastante liberal e revolucionária para o período. Da perspectiva americana, as transformações claramente não pareciam ser suficientes.

A Constituição de Cádiz (1812)

"**Capítulo 1**

Da nação espanhola

Artigo 1

A nação espanhola é a reunião de todos os espanhóis de ambos os hemisférios.

Artigo 2

A nação espanhola é livre e independente, e não é nem pode ser patrimônio de nenhuma família nem de ninguém.

Artigo 3

A soberania reside essencialmente na Nação, e por isso mesmo pertence a esta exclusivamente o direito de estabelecer leis fundamentais.

Artigo 4

A Nação está obrigada a conservar e proteger por leis sábias e justas liberdade civil, a propriedade e os demais direitos legítimos de todos os indivíduos que a compõem.

Capítulo 2

Dos Espanhóis

Artigo 5

São espanhóis:

1. Todos os homens livres nascidos e estabelecidos nos domínios das Espanhas, e os filhos destes;
2. Os estrangeiros que tenham obtido das Cortes cartas de naturalização;
3. Os que sem ela levem dez anos de *vecindad*, obtida segundo a lei em qualquer *Pueblo* da Monarquia;
4. Os libertos desde que adquiram a liberdade nas Espanhas."

(Fonte: *Constitución política de la monarquía española.* Cortes de Cádiz, 1812. Tradução do autor.)

Em 1813, em regiões controladas pelos grupos *realistas*, como Nova Espanha, Guatemala, Cuba, Porto Rico, Quito, Peru e Alto Peru, ocorreram eleições para os conselhos municipais, deputações provinciais e para as Cortes, cujas sessões legislativas ordinárias se iniciariam ainda naquele ano. Entretanto, embora alguns deputados americanos eleitos tenham chegado a ir a Cádiz e participado da legislatura, a nova ordem constitucional não durou muito.

Em fins de 1813, o quadro havia se deteriorado bastante para os exércitos franceses não somente na Espanha, mas também em toda a Europa, em especial após a malfadada campanha napoleônica na Rússia, que havia ocorrido no ano anterior. No que se refere especificamente à península ibérica, as lutas por independência vinham ganhando corpo, deixando em alerta as fronteiras meridionais da França. Diante da impossibilidade de seu irmão, José Bonaparte, continuar governando nesse panorama adverso, Napoleão, por meio do Tratado de Valençay, assinado no dia 11 de dezembro desse mesmo ano, decidiu restituir a Coroa espanhola a Fernando VII em troca de que o monarca espanhol rompesse com a Inglaterra, declarasse neutralidade no que ainda persistisse da guerra e desse o seu perdão aos chamados *afrancesados*, ou seja, àqueles espanhóis que haviam apoiado o governo bonapartista.

Em maio do ano seguinte, o outrora "desejado" monarca, então em Valencia, aconselhado pelo governador local, Francisco Javier Elío (o mesmo que estabelecera uma junta governativa em Montevidéu, alguns anos antes), decidiu pela abolição das Cortes, pela revogação da Constituição gaditana e pela perseguição dos liberais que a haviam apoiado dos dois lados do Atlântico.

Em um intervalo de menos de 5 anos, os ventos haviam mudado. Se, em 1808 e 1810, Fernando VII era praticamente uma unanimidade nas lutas contra os franceses, poucos anos depois, seu nome gerava grandes divergências entre europeus e americanos. Em alguns lugares como Cádiz, Caracas ou Nova Granada, as juntas governativas, que, a princípio, significavam o retorno da soberania aos *pueblos* enquanto o monarca estivesse cativo, foram se transformando gradualmente em assembleias que, a despeito da manutenção ou não da Monarquia, atuaram no sentido de enfraquecer o poder das corporações e submeter a autoridade real ao poder constituinte e legislativo dos parlamentos. Novos sentidos de uma *modernidade política* podiam então ser observados nesse período delicado de crise do Império Espanhol.

O debate e as contradições acerca das questões étnicas também continuavam. Quem poderia ser cidadão nessa *modernidade* que se constituía? Que lugar teriam os indígenas, desde sempre súditos da Monarquia? E os antigos escravizados, negros e *castas* seriam incorporados nas novas Cartas constitucionais? Apenas a dissolução dos laços com a Espanha não era suficiente para essas populações.

Com a volta de Fernando VII ao trono e a chegada de Pablo Morillo à Tierra-Firme no ano seguinte, as lutas militares e políticas em torno da questão da independência viveriam seus momentos decisivos. A defesa da autonomia, ao mesmo tempo que da manutenção dos vínculos com a Monarquia hispânica, sob a égide da Constituição da Cádiz, não fazia mais sentido. Restava, portanto, às populações da América aderir à causa da independência ou se submeter ao absolutismo de Fernando VII.

Simón Bolívar, em sua "Carta da Jamaica", parecia, ao menos na sua contundente retórica, confiante na vitória dos *criollos* em relação à Espanha, não mais a "Mãe Pátria", mas a "desnaturada madrasta" do Novo Mundo. Em suas palavras: "O véu foi rasgado, já vimos a luz e querem nos devolver as trevas; romperam-se os grilhões, já fomos livres e nossos inimigos pretendem novamente nos escravizar". Em seu balanço sobre o teatro da guerra e da política, contudo, em relação a regiões mais distantes como o Chile ou o Rio da Prata, não podia fazer previsões: "pouco sabemos das opiniões que prevalecem", "nos encontramos a tanta distância, os documentos são tão raros e as notícias tão inexatas".

Em 1815, enquanto da Tierra-Firme partia um dos tentáculos dos movimentos de independência da América do Sul, de Buenos Aires era possível notar o desenvolvimento de outro, iniciado no Rio da Prata em maio de 1810. Para que ambos os movimentos pudessem se cumprir, seria necessário que o caminho dessas duas revoluções, em algum momento, se cruzasse. De fato, as duas ondas revolucionárias que haviam se formado no Atlântico desembocariam no Pacífico. Embora a praia que buscassem fosse Lima e o controle definitivo do Vice-Reinado do Peru, o porto em que se encontrariam estava mais ao norte, em Guayaquil.

Encontros e desencontros nas independências

GUAYAQUIL, 1822

Em Guayaquil, cidade localizada no litoral do oceano Pacífico, um dos eventos, ao mesmo tempo, mais paradigmáticos e enigmáticos da história das independências hispano-americanas encontraria seu palco. Durante muito tempo, os historiadores lançaram apenas hipóteses sobre os acontecimentos que tiveram lugar nos dias 26 e 27 de julho de 1822. Já literatos, ficcionistas e poetas foram fecundos em imaginar as cenas e os diálogos. O argentino Jorge Luis Borges, o uruguaio Eduardo Galeano, o chileno Pablo Neruda, entre outros, fizeram na literatura o que os estudiosos acadêmicos não puderam alcançar: conferiram certa materialidade, mesmo que ficcional, aos episódios ocorridos naqueles dois dias em Guayaquil quando, às margens do Pacífico, os dois principais líderes das lutas sul-americanas por independência, Simón Bolívar e José de San Martín, se encontraram pela primeira e última vez em suas vidas.

Até onde se sabe, nenhum dos dois escreveu qualquer linha sobre os aspectos formais ou sobre o conteúdo da reunião. Além disso, são parcos os indícios produzidos por aqueles que os estavam acompanhando, de modo que não se pode ter grande certeza sobre o que foi tratado entre eles, nem tampouco sobre como se deu a interação entre os dois. Como, nesse caso, os fatos não foram desvendados a contento, publicou-se a lenda.

Fundada na primeira metade do século XVI, Guayaquil se constituíra, desde o início da colonização, como uma região de fronteira e, portanto, de encontros e disputas. Primeiramente, entre as populações indígenas e os castelhanos na época da conquista. Depois, entre Quito e Lima, bem como entre os ameríndios, as populações de origem castelhana e os piratas e corsários ingleses e holandeses que navegavam em suas águas. Finalmente, no século XVIII, entre os Vice-Reinados do Peru e de Nova Granada e a Audiência de Quito. Em 1803, a praça de Guayaquil, que havia sido incorporada, décadas antes, aos territórios submetidos a Santa Fé de Bogotá, retornou ao mando peruano em razão das demandas, no início do século XIX, do vice-rei Fernando de Abascal. Seu vínculo com a Audiência de Quito manteve-se, entretanto, intacto.

Nos inícios das lutas por independência, Guayaquil era, por sua posição privilegiada no Pacífico, uma das vias por meio das quais o Vice-Reinado do Peru conseguia enviar tropas para tentar debelar as tensas movimentações que, desde 1809, começavam a ocorrer em Quito. Em 1816, o almirante britânico Guillermo Brown, a serviço de Buenos Aires, tentou iniciar uma revolta antiespanhola na região, mas foi repelido pelas populações locais. Foi apenas em 1820 que movimentações significativas em favor da independência começaram a ocorrer na área. Em 9 de outubro, as autoridades *realistas* dessa praça foram destituídas pela ação de grupos *patriotas*, formados por militares, entre os quais se encontravam oficiais de origem venezuelana, bem como proprietários de terra e comerciantes pertencentes às elites locais.

Por volta desse período, Guayaquil recebia informações sobre o avanço de duas guerras que vinham se desdobrando em outras partes da América do Sul, ao mesmo tempo e de modo articulado. Ambas se vinculavam diretamente à crise generalizada pela qual a Monarquia espanhola vinha passando desde 1808, embora seguissem também caminhos e lógicas próprias que, até então, não haviam se atravessado diretamente. Em 1822, como em um roteiro no qual tramas que até então corriam paralelas começam a se entrelaçar, duas guerras, dois processos históricos e os seus dois maiores comandantes se cruzaram finalmente em Guayaquil: Simón Bolívar, líder das guerras nas porções setentrionais sul-americanas, e José de San Martín, principal nome das lutas por independência que estavam ocorrendo nas partes meridionais do continente. Ironicamente, o cenário dessa conferência entre Bolívar e San Martín seria uma das poucas regiões da América do Sul de colonização espanhola a se tornar independente das autoridades *peninsulares* sem a participação direta de nenhum dos dois grandes líderes das independências sul-americanas.

No início da década de 1820, Bolívar estava no auge de sua trajetória militar e política. Após seu retorno à Tierra-Firme em 1816, assumira definitivamente o mando das forças libertadoras nas porções setentrionais da América do Sul, liderando a retomada dos territórios de Nova Granada, após a Batalha de Boyacá, em 1819; da Venezuela, depois das lutas em Carabobo, em 1821; e de Quito, vencendo as tropas *realistas* em Pichincha em maio de 1822. Em 1819, logo após a reconquista de Bogotá pelos exércitos *patriotas*, Bolívar proclamou o estabelecimento da República da Colômbia, também conhecida como Grã-Colômbia, cuja inspiração era o sonho expresso alguns anos antes por Francisco de Miranda. De acordo com os planos bolivarianos, essa nova e grande república estaria destinada a abarcar as antigas jurisdições do Vice-Reinado de Nova Granada, o que significava incorporar às suas fronteiras não só o atual território colombiano, mas também Venezuela, Quito e Panamá. Nesse sentido, o porto de Guayaquil, um dos mais importantes do Pacífico na América do Sul, era entendido como uma região estratégica a ser integrada ao novo Estado que estava sendo formado sob as asas de Bolívar no início da década de 1820.

O outro personagem central do encontro era José de San Martín (1778-1850). *Criollo*, nascido em 1778 – ou seja, pouco tempo depois do estabelecimento definitivo do Vice-Reinado do Rio da Prata, no vilarejo de Yapeyú, nas margens ocidentais do rio Uruguai (atualmente uma municipalidade da província argentina de Corrientes, na fronteira com o Brasil) –, filho de um militar, designado por Madri para servir nas disputadas fronteiras entre os impérios ibéricos na bacia platina. Quando San Martín tinha apenas 6 anos, seu pai, promovido pelo Exército Real, retornou à península, passando a servir em Málaga. José de San Martín estudou na capital castelhana, ingressando com apenas 11 anos na formação para a carreira militar. Combateu em Orã, na Argélia, e, quando se iniciaram as guerras contra Napoleão, lutou em Bailén, em 1808, e La Albuera, em 1811. Enquanto estava na península, manteve contato com associações críticas ao Antigo Regime. Em 1812, San Martín decidiu retornar à sua terra natal, no Rio da Prata, onde, desde maio de 1810, em Buenos Aires, estavam sendo escritos alguns dos capítulos mais decisivos da crise que resultaria, tempos depois, na desagregação da Monarquia espanhola dos dois lados do Atlântico.

José de San Martín foi um dos principais líderes militares das lutas por independência nas porções meridionais da América do Sul, atuando no Rio da Prata, no Chile e no Peru. (*Retrato de José de San Martín*, Daniel Hernandez Morillo, 1921, Pinacoteca Municipal Ignacio Merino, Lima, Peru)

REVOLUÇÃO NO VICE-REINADO DO RIO DA PRATA

As notícias sobre a dissolução da Junta Central de Sevilha, a criação do Conselho de Regência e a convocação para as Cortes de Cádiz chegaram a Buenos Aires, mesmo que um tanto desencontradas, em meados de maio de 1810. Alguns meses antes, em julho do ano anterior, Santiago de Liniers, em meio às tensões com Montevidéu, havia deixado o cargo de vice-rei, substituído por Baltasar Hidalgo de Cisneros, nomeado pelas instâncias governativas que ainda controlavam Sevilha. Contudo, quando as informações vindas de Cádiz começaram a desembarcar nas regiões portenhas, muitos *criollos*, entre os quais Manuel Belgrano, e lideranças das milícias locais, como Cornélio Saavedra, passaram a pressionar Cisneros a convocar um novo *cabildo abierto*, cujo início seria no dia 22 de maio de 1810.

Mapa 5 – O Vice-Reinado do Rio da Prata

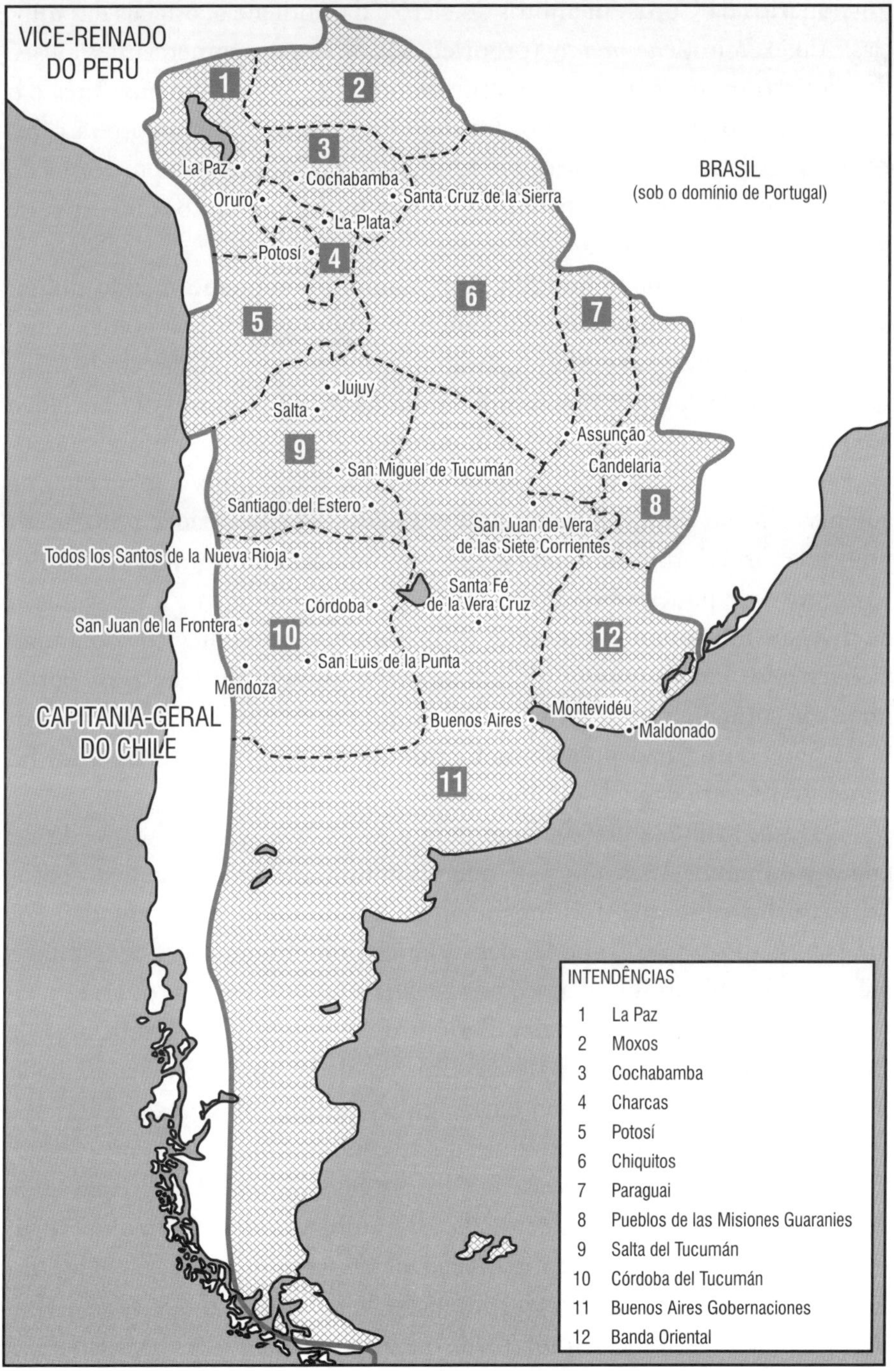

Nessa assembleia, participaram mais de 250 *vecinos*, entre os quais funcionários da Coroa, membros do clero e da Audiência, oficiais das milícias e do exército, *hacendados* (proprietários de terra) e comerciantes locais. Por decisão da maioria, após manifestações nas ruas de Buenos Aires em 25 de maio, o vice-rei Cisneros foi deposto e, assim como ocorrera cerca de um mês antes em Caracas, foi formada uma junta local, em torno do *cabildo*, para governar em nome de Fernando VII, enquanto o rei estivesse sob a guarda de Napoleão.

Além de Cornélio Saavedra, que assumiu o supremo mando militar de Buenos Aires, faziam parte dessa nova instância governativa nomes como os de Mariano Moreno e Manuel Belgrano, entre outros. Assim como ocorrera em diversos pontos dos territórios da Monarquia espanhola no Novo Mundo, ainda se buscava, em 1810, governar em nome do monarca ausente. Entretanto, considerava-se, nesse contexto, que, como a soberania, na ausência do rei, teria que retornar aos *pueblos,* as autoridades *peninsulares* nomeadas anteriormente deixavam de ser consideradas legítimas pelos novos centros de poder americanos. Daí a queda de Cisneros e a substituição de diversos funcionários que antes ocupavam cargos estratégicos do antigo vice-reinado. Por recusarem a soberania reivindicada por Cádiz, os portenhos não somente não se alinharam ao Conselho de Regência, mas também se negaram a enviar deputados às Cortes que começariam os trabalhos no segundo semestre daquele mesmo ano.

Desde o início era evidente para a junta que havia acabado de ser criada em Buenos Aires que, para que sua autoridade fosse aceita e se consolidasse, era preciso que dois movimentos se realizassem paralelamente. Por um lado, a dissolução do poder das instâncias que haviam sido constituídas até então por Madri (ou, depois, por Sevilha e Cádiz), entre as quais os próprios *ayuntamientos* e audiências. Por outro, a consolidação da soberania de Buenos Aires sobre as demais localidades vinculadas ao antigo Vice-Reinado do Rio da Prata, algo que não havia ainda ocorrido, na prática, desde que essa jurisdição fora criada no último quarto do século anterior.

Nesse período, começava a circular, em Buenos Aires, mesmo que ainda de forma tímida e cercada de contradições e ambiguidades, a noção de "independência". Em meio a uma multiplicidade de sentidos, essa ideia ainda em formação aproximava-se de uma concepção de autogoverno dos *pueblos*, sem necessariamente significar rompimento com a Espanha ou, quanto mais, a formação de um novo Estado Nacional. Entre os muitos apoiadores da causa da autonomia estavam grande parte das milícias e parcelas consideráveis das classes populares portenhas, chamadas então de *bajo pueblo*.

Em meados de 1810, Buenos Aires buscava impor sua autoridade às demais jurisdições do antigo vice-reinado. Entretanto, em contraposição ao projeto centralista herdado das Reformas Bourbônicas e reivindicado pelos portenhos, começavam a se constituir, em diversas regiões, propostas alternativas de fortalecimento de formas de autogoverno local. Esse programa político que se desenvolveu de modo paralelo em outros quadrantes do Rio da Prata começou a rivalizar com Buenos Aires já nos meses seguintes à eclosão da Revolução de Maio. Em um primeiro momento, Córdoba, então uma das principais cidades a defender esse projeto alternativo, recusou-se a aderir à nova instância governativa portenha, mas recuou após o envio de milícias à região. Entre os principais críticos ao alinhamento à capital estava o outrora vice-rei Santiago de Liniers, radicado, naquele momento, no interior. Liniers seria executado pelas tropas vindas do Rio da Prata.

Batalhões compostos fundamentalmente por antigos membros das milícias armadas de Buenos Aires foram enviados também para outras regiões, como Mendoza e Salta, que, assim como Córdoba, não pretendiam reconhecer o novo governo portenho, assumindo cada vez mais a defesa de propostas em favor das autonomias locais. Para além das dificuldades no interior, em localidades como Entre Ríos, por exemplo, nos litorais da bacia do Rio da Prata, grande parte da resistência à imposição do poder da capital platina vinha ocorrendo, em grande medida, em virtude da ação de Montevidéu, ainda fiel à causa *realista*. Além da Banda Oriental, o Paraguai e o Alto Peru também se apresentavam como fontes de preocupação para as novas autoridades portenhas. Em nenhum momento, Buenos Aires conseguiu impor de fato seu domínio sobre essas regiões.

Especificamente em relação às jurisdições do Paraguai, contrariamente ao que ocorrera em Buenos Aires, essas áreas haviam se declarado, em 1810, fiéis ao Conselho de Regência em Cádiz. Entretanto, após derrotar, em junho do ano seguinte, as tropas comandadas por Manuel Belgrano, que pretendiam submeter a província à autoridade portenha, a junta estabelecida em Assunção decidiu por constituir um governo autônomo na região, independente tanto de Buenos Aires como de qualquer "país estrangeiro", referindo-se à Espanha, mas também à França (que, a essa altura, dominava a península ibérica) e ao Império Português (nesse momento, sediado no Rio de Janeiro).

No Alto Peru, quando as primeiras notícias sobre a revolução no Rio da Prata chegaram à região, Francisco de Paula Sanz, intendente de Potosí, e Vicente Nieto, presidente da Audiência de Charcas, decidiram romper com a capital platina. Em resposta, uma rebelião se iniciou em Cochabamba em setembro de 1810, expandindo-se rapidamente por vários pontos do altiplano andino nos meses seguintes, com o apoio do chamado Exército do Norte, enviado por Buenos Aires então sob o comando de Juan José Castelli. Paula Sanz e Nieto acabaram depostos, e cidades como Oruro, La Paz e Santa Cruz de la Sierra aderiram ao novo governo portenho. Contudo, as vitórias do Exército do Norte e o domínio estabelecido na região por Castelli foram efêmeros. Após uma contundente derrota das tropas platinas, em Guaqui, nos arredores do lago Titicaca, contra tropas vindas de Cusco, sob o comando do presidente da Audiência José Manuel de Goyeneche, os *realistas* começaram a recuperar terreno nos Andes. Nesse quadro de guerra, muito cedo, ambos os grupos em contenda se deram conta da importância de arregimentar apoios indígenas no Alto Peru. Desse modo, vários *caciques*, bem como seus *pueblos*, passaram a construir alianças e a compor, de acordo com os seus próprios interesses, os dois batalhões em disputa.

A tentativa de imposição da soberania da Junta de Buenos Aires sobre outros pontos do território do antigo Vice-Reinado do Rio da Prata não ocorreu somente por meio das armas, mas também pela negociação, em especial do fomento à participação dos deputados do interior na nova instância governativa criada pelos portenhos. Não obstante, a tensa relação entre a capital e as províncias platinas começou, desde muito cedo, a ficar explícita.

Na própria cidade de Buenos Aires, duas posições bastante contrastantes foram se formando no interior da junta governativa. De um lado, uma parte de seus membros, sob a liderança do *criollo* portenho Mariano Moreno, defendia o estabelecimento de um governo centralizado e de uma corte constituinte incumbida de definir uma nova forma de governo para as jurisdições do antigo vice-reinado. De outro, os representantes provinciais, apoiados por Cornélio Saavedra, defendiam as autonomias regionais no Prata, sem, contudo, romper necessariamente com a Monarquia espanhola. Enquanto os morenistas passaram a sintetizar o projeto portenho de centralização política sob a égide de Buenos Aires, os saavedristas se tornaram os grandes vocalizadores das propostas em defesa das autonomias provinciais e locais.

Em busca de um maior consenso, no início de 1811, a junta portenha, formada em maio do ano anterior, foi substituída em Buenos Aires pela chamada Junta Grande, contando com uma representação maior das cidades e das províncias do Rio da Prata. Além disso, foram formadas também juntas locais, espalhadas pelos territórios do antigo vice-reinado, com o objetivo de angariar apoios ao novo governo central. Não funcionou. Ao contrário, fomentou disputas não apenas na capital, mas também no interior. Nas várias cidades e províncias, as indefinições envolvendo as atribuições relativas às novas juntas e aos tradicionais *cabildos*, nas diversas localidades, estiveram na base de múltiplos conflitos pelo poder.

Em um primeiro momento, predominaram, nos âmbitos decisórios da Junta Grande, as vontades dos grupos saavedristas, vinculadas às autonomias locais, em especial após o envio de Moreno como emissário a Londres, onde esse *criollo* morreria pouco tempo depois. Os seguidores de Moreno continuaram, entretanto, atuando na capital por meio do chamado *Club Morenista*, até que, em setembro de 1811, aproveitando-se da ida de Saavedra para o norte com o objetivo de reorganizar os exércitos que tentavam submeter o Paraguai e o Alto Peru, esse grupo de oposição convocou um *cabildo abierto*, que resultou no estabelecimento de um Triunvirato, cuja principal meta era centralizar e organizar o poder executivo em Buenos Aires, diminuindo o raio de atuação das províncias. Em virtude da oposição desses grupos à Junta Grande, então apelidada de "Junta Conservadora" pelos morenistas, ela foi dissolvida e seus líderes, entre os quais Saavedra, excluídos do governo.

Nos meses seguintes, a promulgação da Constituição de Cádiz, em 1812, tumultuou ainda mais a situação no Rio da Prata, já que, por meio da nova Carta, a soberania passava não mais a residir no rei e, na sua ausência, nos *pueblos*, mas nas Cortes localizadas no sul da Espanha. Como, em razão de sua não participação na assembleia constituinte, as jurisdições platinas se encontravam alheias às decisões tomadas na Europa, restava a essas regiões decidirem, enfim, alinhar-se à autoridade gaditana ou se manter na condição de rebeldes em relação à península. Esta última alternativa pareceu a mais adequada, tanto para os defensores de uma centralização do poder em Buenos Aires quanto para os partidários do fortalecimento das soberanias provinciais.

Além do governo morenista, defensor ferrenho da causa da autonomia em relação à península ibérica, uma série de associações políticas começaram a surgir, abraçando de forma ainda mais radical o projeto autonomista, aproximando-se, cada vez mais, da ideia de rompimento total com a Espanha. Entre essas associações estava a Sociedade Patriótica, liderada por Bernardo de Monteagudo, e a Logia Lautaro, inspirada em uma organização constituída por Francisco de Miranda em Londres, em 1798, que pretendia fomentar a luta armada revolucionária dos territórios meridionais da América do Sul. Entre os diversos atores vinculados à Logia Lautaro, já se encontrava, em meados de 1812, o militar *criollo* José de San Martín, então recém-chegado da Europa.

Em meados de 1812, o Triunvirato estabelecido meses antes pelos morenistas vinha enfrentando oposições tanto de setores ainda *realistas* quanto dos grupos autonomistas mais radicais. Em julho de 1812, o Triunvirato debelou uma conjuração *realista* liderada por Martín de Alzaga, que resultou na execução do antigo líder do *cabildo* e de outros conspiradores.

Nesse quadro, a independência, até então uma opção um tanto nebulosa mesmo para os grupos mais radicais, passou a ser vista como uma alternativa viável, vocalizada não somente por associações como a Sociedade Patriótica ou a Logia Lautaro, mas também pela nascente imprensa portenha, cuja liberdade fora decretada em 1811.

Em fins de 1812, em um movimento liderado pelos autonomistas radicais, o Triunvirato comandado pelos morenistas acabou dissolvido. Um Segundo Triunvirato foi instituído e, finalmente, foi convocado um congresso constituinte, a ser realizado a partir de janeiro de 1813.

De imediato, esse congresso, além de ratificar a liberdade de imprensa, aprovou nos territórios platinos a lei do ventre livre, a extinção dos tributos e dos trabalhos compulsórios indígenas, entre os quais a *mita*, a revogação dos títulos de nobreza e a abolição da obrigatoriedade do juramento a Fernando VII. Na perspectiva de deputados como Carlos María de Alvear, um dos mais eminentes membros da Logia Lautaro, portanto, um autonomista radical, a soberania não se encontrava mais no monarca espanhol, nem tampouco nas cidades ou províncias, mas na *nação*. No contexto dessa assembleia, o conceito de "nação" apresentava, em diversas situações, uma clara intenção homogeneizadora e centralista, que se opunha às diversas autonomias e soberanias locais que resistiam ainda nos territórios do antigo Vice-Reinado do Rio da Prata.

Nos primeiros debates da assembleia estabelecida na capital portenha, houve quem defendesse um governo unitário e indivisível, no qual haveria uma clara preponderância de Buenos Aires, e quem preferisse um sistema que desse maior autonomia a cidades e províncias (a chamada "tendência federal"). Embora o congresso fosse controlado, de modo geral, por deputados favoráveis a projetos centralistas, defensores de uma autonomia maior regional começaram a se organizar em diversas partes do território rio-platense. Entre esses grupos, que passavam a ser chamados de *federalistas*, estavam, por exemplo, os seguidores do *criollo* montevideano José Gervasio Artigas. Sua influência era bastante grande não só sobre a Banda Oriental, mas também sobre as províncias de Santa Fé, Missiones, Corrientes, Entre Ríos e Córdoba. Artigas havia sido um dos principais responsáveis pela deposição, em 1811, do antigo governador de Montevidéu, Francisco Javier de Elío, que desde 1808 mantinha uma administração que se pretendia autônoma em relação a Buenos Aires. Embora tenha sido aliado dos portenhos em suas disputas contra os *realistas* liderados por Elío, Artigas acabou rompendo com a Assembleia em 1814, após o congresso da capital platina não reconhecer os deputados orientais enviados a Buenos Aires.

Por volta desse período, importantes derrotas do Exército do Norte no Alto Peru e o avanço de Artigas na Banda Oriental e nas províncias dos litorais fluviais do Rio da Prata complicavam a situação das lideranças políticas então no poder em Buenos Aires. Por sua vez, o retorno de Fernando VII ao trono da Espanha, em 1814, bem como o envio das tropas *peninsulares*, comandadas pelo general Pablo Morillo, às regiões da Nova Granada e da Venezuela no ano seguinte, provocaram temor nos territórios platinos, exigindo um posicionamento firme do novo regime estabelecido na capital portenha.

Em fins de 1814, o congresso constituinte perdeu força e as funções do Triunvirato foram transferidas para Carlos María de Alvear, nomeado como diretor supremo do Rio da Prata. Defensor ferrenho do centralismo portenho, Alvear seria deposto pouco mais de um ano depois de assumir o poder, após o sucesso de um movimento armado em Buenos Aires liderado pelo coronel Álvarez Thomas, então aliado dos *federalistas* e de Artigas.

Com a deposição de Alvear, o *cabildo* retomou o poder em Buenos Aires, formando um governo provisório, no qual Álvarez Thomas assumiu como diretor supremo. Uma nova assembleia constituinte foi convocada, dessa vez, para ser realizada em Tucumán. No congresso reunido no interior platino, diversas demandas que haviam sido ignoradas anteriormente foram incorporadas: a definição de que os governos provinciais seriam eleitos e não indicados, a proposta de que os *cabildos* tivessem, enfim, representação popular e a decisão de que as delegações de cada província no processo de elaboração de uma nova constituição fossem proporcionais a suas respectivas populações.

Contudo, embora tenha tido apoio de muitas regiões e setores sociais das antigas jurisdições do vice-reinado, a adesão à nova assembleia também não foi unânime no Rio da Prata, enfrentando resistências, em especial, na

Banda Oriental, nos litorais fluviais rio-platenses e no interior, em províncias como Corrientes, Entre Ríos, Santa Fé e Córdoba, territórios sobre os quais Artigas exercia forte ingerência.

Entretanto, diante das opções de alinhar-se ao governo restaurado de Fernando VII, a essa altura, já rompido com o regime imposto pela Constituição de Cádiz, ou declarar a independência em relação a Madri, o Congresso de Tucumán decidiu-se pela segunda alternativa. Proclamou o rompimento com a Espanha no dia 9 de julho de 1816. O novo país advindo desse rompimento passou a se chamar então Províncias Unidas do Rio da Prata.

Embora tenha sido adotada a designação de "províncias unidas", a "união" de tais "províncias" estava muito distante de ser consistente. Além disso, pouco se sabia sobre o futuro do novo Estado que estava sendo forjado naquele momento. Muitos congressistas, entre os quais Manuel Belgrano, defendiam que se estabelecesse, nos territórios das Províncias Unidas, uma monarquia constitucional, cuja coroa deveria ser oferecida a um descendente dos incas ou a algum príncipe europeu. No entanto, além de nenhum membro de qualquer casa real da Europa demonstrar interesse em assumir o trono no Prata, grande parte da imprensa e dos setores populares era francamente contrária à implantação de uma monarquia no país.

Além da questão do regime político a ser estabelecido no novo Estado em formação – monarquia (de que tipo?) ou república (como?) –, também não havia consenso entre aqueles que estavam participando daquele processo decisório sobre a natureza do regime a ser instituído (se *unitária*, centralizada em Buenos Aires, ou *federalista*, preservando as autonomias provinciais e locais). A despeito da promulgação de uma Constituição para o novo Estado em 1819, estes impasses demorariam ainda algumas décadas para serem solucionados.

A REVOLUÇÃO ATRAVESSA OS ANDES

Embora entre 1810 e 1811, os Exércitos do Norte tenham tido importantes vitórias no Alto Peru, depois desse período, a superioridade das tropas *realistas* na região começou a se tornar evidente, em especial, pela ação de Goyeneche, a partir da Audiência de Cusco, e do vice-rei peruano Fernando de Abascal, principal guardião da autoridade *peninsular* sobre a América do Sul até então.

Diante desse quadro, fez-se necessária uma mudança na estratégia de Buenos Aires para a consolidação da revolução nas partes meridionais do Novo Mundo. Entre aqueles que propunham a adoção de uma nova tática militar para o avanço portenho no continente estava José de San Martín. Militar de carreira com experiência na península ibérica, o *criollo* educado na Espanha propunha que os exércitos platinos, em vez de tentar a sorte nos inglórios terrenos do Alto Peru, atravessassem a cordilheira dos Andes, consolidassem a independência do Chile e, por fim, chegassem a Lima, através do Pacífico.

O Chile era uma das mais antigas capitanias-gerais da América do Sul, estabelecida ainda em meados do século XVI. Desde os anos que se seguiram à conquista, as jurisdições chilenas, no extremo meridional do Império Espanhol, eram definidas por duas fronteiras naturais a leste e a oeste, respectivamente, os Andes e o Pacífico, o que conferiu, desde a conquista, um caráter longitudinal à sua geografia. Ao norte, pertenciam aos seus limites os desertos do Atacama, e, ao sul, suas circunscrições chegavam ao rio Biobío, de onde começavam os territórios indígenas que se estendiam em direção à Patagônia. Essas regiões no extremo sul do continente eram ocupadas então pelas populações chamadas à época, pelos colonizadores, de *araucanos*, e reconhecidas, atualmente, como *mapuches*. A maior parte dos povoamentos chilenos, no início do século XIX, estava localizada em áreas que dizem respeito hoje ao Vale Central, concentrando-se nos agrupamentos urbanos em torno das cidades de Concepción, da capital Santiago do Chile e do porto de Valparaíso.

Assim como ocorrera em Caracas e Buenos Aires, em Santiago do Chile não se reconheceu, em 1810, a autoridade do Conselho de Regência e das Cortes de Cádiz, constituindo-se, em setembro daquele ano, uma junta de governo autônoma em relação aos poderes peninsulares. Em julho de 1811, estabeleceu-se, na capital, um congresso responsável por definir os rumos da antiga capitania-geral.

Por volta desse período, começaram, tal qual em outras partes da América, a se desenhar nas principais cidades do Chile divisões entre os diversos setores autonomistas, contrapondo, de um lado, os *moderados*, defensores de mudanças apenas graduais nos vínculos entre a capitania-geral e a Espanha, e, de outro, os *radicais*, que, de modo crescente, advogavam uma autonomia significativa em relação à península ibérica. A ascensão de José Miguel Carrera, um membro deste último grupo, à presidência da Junta de Santiago por dois períodos, entre 1811 e 1813, despertou a preocupação do vice-rei Abascal. Nesse período, foram travados os primeiros embates entre os exércitos *realistas* peruanos e os grupos *patriotas* chilenos, nos quais o *criollo*, nascido na região de Chillán, Bernardo O'Higgins, em razão de sua capacidade militar e de sua destreza no manejo das tropas, demonstradas principalmente na Batalha de El Roble, em 1813, foi ganhando protagonismo entre os batalhões autonomistas. Embora *patriotas* e *realistas* tenham assinado, após o retorno de Fernando VII ao trono da Espanha, uma trégua por meio do Tratado de Lircay, em maio de 1814, o Chile seria novamente submetido pelos exércitos peruanos em outubro. Muitos *patriotas*, como Carrera e O'Higgins, acabaram fugindo para Mendoza. Nas costas orientais dos Andes, iniciaram-se, a partir de então, contatos com os revolucionários platinos, dentre os quais, o próprio San Martín.

Em meados de 1816, em meio à Declaração de Independência produzida no contexto do Congresso de Tucumán, Juan Martín de Pueyrredón, personagem que havia sido bastante importante na primeira invasão britânica a Buenos Aires, 10 anos antes, e que vinha ocupando uma série de posições desde o início da Revolução de Maio de 1810, encontrava-se então como diretor supremo das Províncias Unidas. Pueyrredón cedeu a San Martín um batalhão composto por cerca de 3 mil soldados para que o militar *criollo* pudesse, enfim, atravessar os Andes com o objetivo de libertar o Chile e o Peru do domínio *realista.*

Após cruzarem a cordilheira, no início de 1817, em um evento que se tornaria célebre na História das independências, chamado de *El cruce de los Andes* (A travessia dos Andes), O'Higgins e San Martín comandaram uma importante vitória dos *patriotas* em Chacabuco, abrindo caminho para a retomada da capital Santiago. No ano seguinte, a vitória sobre os *realistas*, na Batalha de Maipú, a despeito da permanência de focos de guerrilha, fiéis a Lima e a Madri, no Chile, até 1820, resultou na proclamação da independência dessa região, consolidando a fama de San Martín e o poder de O'Higgins.

A travessia dos Andes pelos exércitos de San Martín e Bernardo O'Higgins é um dos eventos exaltados pelas narrativas mais tradicionais das lutas por independência. (*El ejército de los Andes saliendo del campamento del Plumerillo*, José Bouchet, 1901, Museu Histórico Nacional, Buenos Aires, Argentina)

O próximo objetivo dos *libertadores* era agora o Peru, então o principal bastião *realista* da América do Sul.

Antes de prosseguir, parece importante destacar que a emancipação peruana se apresenta, ainda hoje, como um grande desafio para os historiadores. Durante muito tempo, em razão do aparentemente bastante arraigado *realismo* nos territórios do antigo vice-reinado, a independência da região foi vista como um fenômeno de ordem puramente externa, como uma imposição exógena promovida por movimentos vindos essencialmente de outros lugares e conduzidos por líderes "estrangeiros" – no caso, San Martín e Bolívar. Seu caráter tardio em relação a outras partes da América teria sido resultado também da ação enérgica do vice-rei Abascal, que teria impedido o surgimento de focos independentistas locais mais potentes nos territórios peruanos.

No entanto, a despeito de certa validade destas perspectivas, não há como negar a existência de tendências autonomistas, embora não necessariamente independentistas, na região do Peru, em especial, desde fins do século XVIII. Desde 1811, houve levantes contra as autoridades *peninsulares*. Nesse ano, em Tacna, na costa sul, por exemplo, o *criollo* Francisco de Zela, articulado com Juan José Castelli, o líder dos Exércitos do Norte portenhos, então no Alto Peru, pretendeu expandir os movimentos vindos do altiplano em direção a Lima. Entretanto, com a derrota dos exércitos de Castelli, em Guaqui, nos arredores do lago Titicaca, os planos de Zela foram descobertos, o que resultou em sua prisão pelas autoridades locais. No ano seguinte, em Huánaco, na serra central peruana, uma conspiração *criolla* resultou em revoltas e saques promovidos por populações indígenas das aldeias vizinhas. O movimento seria rapidamente debelado pelas forças *realistas* da região.

Em Cusco, uma rebelião iniciada pela ação dos irmãos *criollos* Mariano, José e Vicente Angulo e liderada pelo general indígena Mateo Pumacahua, entre 1813 e 1814, teve alcance relativo nas regiões da serra meridional, com impactos em cidades como Huamanga, Arequipa, La Paz e Puno. Essa sublevação teria sido a primeira a vocalizar a ideia de "independência" nas jurisdições do Vice-Reinado do Peru. Contudo, em virtude da grande violência praticada e de uma participação majoritária de populações de origem indígena, ela não obteve grande adesão dos *criollos* das principais cidades, temerosos de que pudesse se reproduzir, em suas regiões, o que ocorrera, décadas antes, nas rebeliões lideradas por Tomás Katari, Tupac Amaru e Tupac Katari. Sem apoios de importantes setores sociais, essa revolta acabou sufocada pelas autoridades vice-reinais no início de 1815.

Em meados do ano seguinte, Fernando de Abascal, até então o principal líder das forças *realistas* da América do Sul, retornou à península ibérica após 10 anos como vice-rei do Peru. Em seu lugar assumiu o poder, em Lima, o general aragonês Joaquín de la Pezuela, militar bastante ativo nas lutas contra os *patriotas* platinos, em especial, na região do Alto Peru.

Em 1818, com as vitórias de San Martín e O'Higgins no Chile, começou uma nova fase nas lutas por independência nos territórios do vice-reinado peruano.

Em março de 1820, em meio ao início de uma grande revolução de caráter liberal que se espalhara por toda a península ibérica, Fernando VII, que governava de maneira autoritária desde 1814, foi obrigado a se submeter novamente à Constituição de Cádiz e ao parlamento, dando início a um período que ficaria conhecido, na História espanhola, como "Triênio Liberal" (1820-1823).

A grande onda de sublevações ocorridas nos anos 1820 em vários pontos da península ibérica teve impactos profundos inclusive em Portugal, onde um processo revolucionário iniciado na cidade do Porto, que demandava o retorno imediato do rei D. João VI a Lisboa, começava a embaralhar as cartas que estavam sendo jogadas até então no Império Luso-brasileiro, resultando cerca de dois anos depois na Independência do Brasil. Nos diversos territórios hispano-americanos, essa onda contribuiu de maneira bastante direta para o desfecho das lutas militares e políticas que vinham se prolongando desde 1808.

Em setembro de 1820, a bordo de navios comandados pelo oficial britânico Thomas Cochrane, exércitos liderados por San Martín desembarcaram com cerca de 4 mil homens em Paracas, no litoral sul peruano, obtendo vitórias importantes em cidades como Ica e Pasco. Além disso, a chegada de tropas vindas do Chile contribuiu para que eclodissem movimentos mais ao norte, em especial, em Trujillo e Guayaquil, onde, como mencionado, menos de dois anos depois os dois grandes *libertadores* da América do Sul se encontrariam.

Em Miraflores, entre os últimos dias de 1820 e os primeiros de 1821, houve uma série de reuniões entre os aliados de San Martín e os do vice-rei Pezuela com o objetivo de pôr fim aos conflitos, mas sem resultados. San Martín defendia então uma solução monárquica para a desejada independência peruana, por meio da qual um príncipe espanhol pudesse ser coroado em Lima. Contudo, embora tal proposta não fosse completamente desqualificada pelas elites *criollas* da capital do Vice-Reinado do Peru, sua implantação era inconcebível para as autoridades *peninsulares* que não pretendiam perder o controle do Peru.

Em janeiro de 1821, diante dos avanços das tropas *patriotas* e da crescente oposição às autoridades indicadas por Madri, o general José de la Serna, por meio de um golpe palaciano, conseguiu derrubar Pezuela do poder, assumindo então, ele próprio, o cargo de vice-rei. La Serna tentou um armistício com San Martín, mas também não obteve êxito. Com Lima cercada pelos batalhões *libertadores*, o novo vice-rei transferiu a capital para Cusco, de onde, a partir de então, tentaria organizar a resistência *realista*.

Em 28 de julho de 1821, sem disparar um único tiro, José de San Martín entrou triunfante na Praça Maior de Lima, proclamando a independência e prometendo aos potentados da capital – que temiam sublevações dos setores populares, em especial, de indígenas, mestiços e negros escravizados e libertos – a manutenção da paz e da ordem. Assumindo com plenos poderes a autoridade do mais antigo vice-reinado da América do Sul, San Martín foi declarado *Protetor do Peru*.

O controle sobre Lima não significou, entretanto, a libertação de todas as jurisdições do antigo Vice-Reinado do Peru. Principalmente porque, na maior parte das regiões centrais e meridionais do altiplano andino, o controle dos territórios estava ainda nas mãos dos *realistas*. Além do difícil quadro militar, a situação econômica foi se mostrando insustentável. A produção agrícola e mineira estava paralisada em função da guerra. Lima, isolada do restante do território, sofria com profundas crises de abastecimento. Decretos estabelecendo o livre-comércio e a captação de empréstimos tampouco melhoraram o panorama. A falta de meio circulante começou a provocar descontentamentos nos diversos setores sociais, bem como uma série de deserções nos exércitos *libertadores*, cujas tropas não mais recebiam salários. Poucos meses após sua proclamação, a independência peruana parecia estar seriamente comprometida.

Em Lima, San Martín estava informado dos progressos de Simón Bolívar nas partes setentrionais da América do Sul. O general venezuelano era visto, da perspectiva do *Protetor do Peru*, como um apoio vital para a consolidação da emancipação do Peru. No início de 1822, San Martín enviou uma delegação solicitando ao *Libertador* da Colômbia uma "entrevista", a qual se realizaria apenas em julho daquele ano. Após seu encontro com Bolívar, San Martín retornou a Lima, convocou eleições para a formação de um congresso constituinte e, com a instalação definitiva dessa assembleia, apresentou sua carta de renúncia.

Em 10 de setembro, em correspondência com Bolívar, San Martín escreveu: "Convoquei o Congresso para apresentar diante dele minha renúncia e me retirar à vida privada com a satisfação de haver posto à causa da liberdade toda a honradez do meu espírito e a convicção do meu patriotismo. Deus, os homens e a História julgarão meus atos públicos".

Embora se mantivesse, nos anos seguintes, entre o Prata e a Europa, o *Protetor do Peru* jamais retornou ao Pacífico. A consolidação da libertação do principal bastião *realista* das Américas estava agora nas mãos de outro general: Simón Bolívar.

OS ÚLTIMOS ATOS DAS INDEPENDÊNCIAS

A eclosão da revolução liberal na península ibérica, em 1820, debilitou profundamente as resistências *realistas* nas Américas, abrindo caminho para os últimos atos das lutas militares e políticas por independência no continente.

Nas antigas jurisdições da Nova Espanha e da capitania-geral da Guatemala, após os anos das lutas populares lideradas pelos padres Hidalgo e Morelos, entre 1810 e 1815, a emancipação se concretizou, em 1821, por meio de uma solução monárquica, sem qualquer resquício dos movimentos insurgentes que haviam ocorrido anteriormente. As independências das porções setentrionais da América espanhola contaram com o grande protagonismo de Agustín de Iturbide, militar que lutara por muitos anos nas fileiras *realistas*, inclusive contra as rebeliões iniciadas em Dolores anos antes. Em fevereiro de 1821, esse importante membro do exército novo-hispano publicou, juntamente ao general mestiço Vicente Guerrero, o chamado Plano de Iguala, que defendia a manutenção do poder da Igreja Católica, a independência com relação a Madri e a união entre todos os exércitos e facções que lutavam em favor dessa emancipação, bem como de todos os setores sociais em torno da causa independentista. Por sustentar essas três "garantias" (Religião, Independência e União), as tropas que lutaram sob o comando de Iturbide receberam o nome de Exército das Três Garantias ou Exército Trigarante.

Por ser mais moderado que as insurgências lideradas por Hidalgo e Morelos, o Plano de Iguala recebeu apoio de amplos setores da sociedade mexicana, especialmente das elites *criollas*. A entrada triunfal do Exército Trigarante na Cidade do México, no dia 27 de setembro de 1821, marcou a concretização da independência do antigo Vice-Reinado da Nova Espanha, recebendo também a adesão dos territórios que anteriormente formavam a capitania-geral da Guatemala.

Iturbide chegou a oferecer a Fernando VII o trono do México, estendendo o convite a algum membro da casa de Bourbon que desejasse assumi-lo. Com as negativas do monarca espanhol que jamais deixou de acalentar o sonho de restaurar a velha ordem, o próprio militar *criollo* tomou para si a coroa, autoproclamando-se imperador sob a designação de Agustín I. O Império se constituiu, entretanto, como uma iniciativa efêmera, sendo dissolvido menos de 2 anos depois, em março de 1823. Em meio a uma severa crise econômica, ao descontentamento das províncias com os projetos centralistas atribuídos ao imperador e à oposição dos republicanos *criollos*, Iturbide abdicou do trono e partiu para o exílio. No ano seguinte, em 1824, promulgou-se uma constituição, responsável pelo estabelecimento de uma República de caráter federal no México. O fim da experiência monárquica resultou na secessão dos antigos territórios pertencentes à capitania-geral da Guatemala, que também adotaram um regime republicano, formando, a partir de então, as chamadas Províncias Unidas da América Central e, logo, República Federal Centro-Americana.

Nas porções ao norte da América do Sul, nas circunscrições que outrora faziam parte do Vice-Reinado de Nova Granada, os exércitos *patriotas* comandados por Bolívar estavam, no início da década de 1820, em seu auge. O líder caraquenho retornara à Venezuela em 1816, após deixar a Jamaica e, na sequência, o Haiti, onde conseguiu reforços e importantes apoios, em especial, do presidente haitiano Alexandre Pétion, com quem Bolívar se comprometeu a abolir a escravidão o mais breve possível nos territórios que libertasse.

A essa altura, o general espanhol Pablo Morillo havia tomado Caracas, se lançado sobre Cartagena de Índias e, em meados de 1816, ocupado Santa Fé de Bogotá, colocando um fim à chamada *Pátria Boba*.

Diante das desavenças entre os líderes regionais e das várias fissuras entre os *patriotas*, havia ficado claro para Bolívar que, para derrotar os espanhóis e consolidar a independência, seria fundamental a formação de um exército centralizado que possuísse uma forte adesão popular.

A promessa de abolição da escravidão levou muitos escravizados, até então mais simpáticos aos *realistas*, a aderir às lutas pela emancipação. Por sua vez, começaram também a emergir, nesse período, lideranças com forte ascendência entre as camadas mais pobres da sociedade, como o venezuelano José Antonio Páez. Suas tropas formadas majoritariamente por *llaneros*, em geral, ginetes e vaqueiros mestiços, foram responsáveis por muitas das vitórias dos exércitos de Bolívar naqueles anos.

Entretanto, a despeito de se cercar de generais da sua confiança, Bolívar, ao longo do processo de acirramento das lutas militares e políticas nas quais se envolveu nesse período, passou a exercer o mando de forma cada vez mais centralizada. Isso o levaria a rompimentos traumáticos com muitos de seus antigos aliados, entre os quais o próprio Páez. O período entre 1816 e 1818 se caracterizou não somente por intensas lutas entre *realistas* e *patriotas*, mas também por severos conflitos e embates entre as diversas facções independentistas. Após entrar em atrito com Bolívar, o líder *pardo* Manuel Piar, por exemplo, que havia conseguido importantes vitórias no oriente venezuelano, em especial, nas regiões de Guayana e Angostura, foi acusado de insubordinação, conspiração e sedição. Acabou fuzilado pelas tropas de Bolívar em 1817.

Na região de Nova Granada, por sua vez, com a reconquista de Santa Fé de Bogotá pelos exércitos de Morillo, as jurisdições do antigo vice-reinado viveram um período de forte repressão aos movimentos emancipacionistas, chamado à época de *Regime do Terror*. Lideranças importantes de grupos favoráveis à independência, como Camilo Torres e Francisco José de Caldas, este último um dos mais relevantes letrados neogranadinos de então, foram executadas. Entre as diversas pessoas condenadas à morte estava também Policarpa Salavarrieta, conhecida como La Pola, fuzilada, na Praça Maior de Bogotá, no dia 14 de novembro de 1817. La Pola atuara como espiã e mensageira, participando ativamente dos trânsitos de informações nas guerrilhas que haviam se articulado na época.

Policarpa Salavarrieta, conhecida como La Pola, uma das personagens mais aclamadas na História das lutas por independência na região da Nova Granada, atual Colômbia. (*La Pola antes de su ejecución*, Pedro A. Quijano, 1944, Museu Nacional, Bogotá, Colômbia)

Assim como Policarpa Salavarrieta, muitas mulheres estiveram envolvidas nas lutas políticas e militares desses anos. Entre aquelas que pertenciam às elites *criollas*, como a novo-hispana Josefa Ortíz de Dominguez e a quitenha Manuela Cañizares, diversas foram as promotoras de redes de sociabilidade, encontros e tertúlias nos quais eram discutidas possíveis soluções políticas. Tal qual La Pola, muitas mulheres atuaram como espiãs e mensageiras dos exércitos e das guerrilhas. Nos campos de batalha, eram várias as mulheres que acompanhavam as tropas como costureiras, lavadeiras, cozinheiras e enfermeiras, sem contar, obviamente, as que pegaram em armas, como a neogranadina Evangelista Tamayo, ou ainda as que chegaram a comandar batalhões, como a alto-peruana Juana Azurduy, que, em razão de seus muitos serviços prestados nas guerras de independência, recebeu a patente de marechal no Alto Peru e de general no Rio da Prata.

Juana Azurduy foi uma das mais importantes líderes das lutas por independência nas regiões do Rio da Prata e do Alto Peru (atual Bolívia). (Plaza del Correo, Buenos Aires, Argentina)

Ao longo do período em que os exércitos *realistas* ocuparam de modo efetivo Caracas e Santa Fé de Bogotá, entre 1816 e 1818, grande parte da resistência *patriota* se manteve por meio das guerrilhas que se formaram nos *llanos*, ou seja, nas planícies que se estendiam entre a Nova Granada e a Venezuela, levando os exércitos de Bolívar a se concentrar, principalmente, nas regiões localizadas na bacia do rio Orinoco. Em vez de partir para Caracas, onde os batalhões espanhóis estavam bem guarnecidos, as tropas bolivarianas procuraram juntar-se, nos *llanos*, às guerrilhas neogranadinas encabeçadas, entre outros, por Francisco de Paula Santander.

Em 1819, importantes vitórias de Bolívar e Santander, que resultaram na retomada de regiões como Tunja e Socorro, permitiram que os *libertadores* conseguissem atravessar a cordilheira dos Andes. Em 7 de agosto, em Boyacá, foi travada uma importante batalha que, vencida pelos soldados *patriotas*, abriu caminho para a retomada de Santa Fé de Bogotá. Depois dessa vitória, Bolívar convocou um congresso nas margens do rio Orinoco, na cidade de Angostura, na Venezuela, cuja realização se daria em dezembro daquele ano. Nessa ocasião, constituiu-se, sob a inspiração de um antigo projeto de

Francisco de Miranda, a República da Colômbia, que deveria abranger as antigas jurisdições do Vice-Reinado de Nova Granada. Para além dos territórios venezuelanos e neogranadinos, previa-se também a incorporação às suas fronteiras do Panamá e das jurisdições da antiga Audiência de Quito.

Com a eclosão da revolução liberal na península ibérica em 1820, o ímpeto *realista* na América diminuiu de modo evidente diante da recusa do novo governo de Madri a enviar reforços, bem como das novas ordens que atravessaram o oceano exigindo a assinatura de um armistício com as lideranças *patriotas*. Em dezembro desse mesmo ano, Morillo deixou, enfim, o comando das forças espanholas, abrindo caminho para o desenlace dos processos independentistas sul-americanos.

No início de 1821, os exércitos *libertadores* puderam avançar, dessa vez, em direção a Caracas. Em julho, a vitória das tropas bolivarianas em Carabobo, considerada decisiva para a independência definitiva da Venezuela, apresentava-se como a antessala do regresso de Bolívar à sua cidade natal. No ano seguinte, em maio, a Batalha de Pichincha, travada nas proximidades de um vulcão de mesmo nome, representou a conquista definitiva da Audiência de Quito, por meio da união entre os batalhões colombianos, comandados pelo general venezuelano Antonio José de Sucre, e de tropas provenientes do Peru, lideradas por Andrés Santa Cruz. O *Libertador*, que entrou definitivamente em Quito em junho de 1822, considerava, entretanto, que os limites dos territórios de sua tão sonhada Grã-Colômbia não deveriam ser os Andes, mas sim o Pacífico.

A Batalha de Carabobo (1821) foi um dos eventos centrais das lutas por independência na Venezuela. (*Batalla de Carabobo*, Martín Tovar y Tovar, 1887, Palacio Federal Legislativo, Caracas, Venezuela)

A partir da célebre "entrevista" que travara com San Martín, não só Bolívar concretizou a incorporação de Guayaquil à Grã-Colômbia, mas também assumiu, após a partida de San Martín, em setembro de 1822, a liderança do governo do Peru e o comando dos exércitos que, sob a autoridade militar de Sucre, teriam a função de derrotar as tropas *realistas* que ainda continuavam resistindo no altiplano andino. A vitória dos exércitos *libertadores* em Ayacucho, pouco mais de 2 anos depois, em 9 de dezembro de 1824, para além da continuidade das lutas pelos meses seguintes no Alto Peru, foi fundamental para a consolidação definitiva das independências na América do Sul.

A "entrevista de Guayaquil" se constitui, ainda hoje, um dos eventos mais misteriosos das era das independências, inspirando uma série de representações artísticas. (*Entrevista de Guayaquil*, J. Collignon, 1843. Arquivo *El Comercio*, Peru)

Mas, afinal, do que trataram Bolívar e San Martín na cidade de Guayaquil? Seria em razão desse encontro que San Martín teria renunciado, pouco tempo depois, ao seu governo em Lima? Nessa entrevista ficou definido que Bolívar seria o responsável por consolidar a independência no Peru e no restante do altiplano andino? Resolver esse enigma é o que menos importa para os historiadores. No que concerne às independências, optamos, nestas páginas, por uma História que procurou ser rigorosa com os métodos, as fontes disponíveis e os fatos. Sobre a célebre "entrevista", preferimos recorrer à literatura, apresentando as palavras do personagem criado pelo ficcionista argentino Jorge Luis Borges, o historiador Eduardo Zimmermann. No conto "Guayaquil", em diálogo com o narrador borgeano, Zimmermann comenta sobre uma suposta carta manuscrita, redigida por Simón Bolívar, a respeito do que teria ocorrido no encontro entre os dois *libertadores*.

Diz o narrador borgeano:

> "– O fato de serem manuscritas por Bolívar – respondeu-me – não significa que toda a verdade esteja nelas. Bolívar pode ter desejado enganar seu correspondente ou, simplesmente, pode ter-se enganado. O senhor, um historiador, um homem dado à meditação, sabe melhor do que eu que o mistério está em nós mesmos e não nas palavras.
> [...]
> Observei que, de qualquer modo, seria interessante recuperar as precisas palavras que disseram um ao outro o *Protetor do Peru* e o *Libertador*.
> Zimmermann sentenciou:
> – Talvez as palavras que trocaram tenham sido triviais. Dois homens se enfrentaram em Guayaquil; se um deles se impôs, foi por causa de sua maior vontade e não por jogos dialéticos [...].
> Acrescentou com um sorriso:
> – *Words, words, words*. Shakespeare, insuperável mestre das palavras, desdenhava-as. Em Guayaquil ou em Buenos Aires ou em Praga, elas sempre contam menos que as pessoas".

* * *

Como ficou claro nas páginas deste livro, as independências hispano-americanas foram um processo complexo que não pode ser entendido apenas por meio das narrativas particulares, das trajetórias individuais ou das grandes efemérides. Devem ser pensadas nas intersecções entre os tempos curtos dos acontecimentos, os tempos médios das conjunturas e os tempos longos das estruturas, sejam elas políticas, econômicas, sociais ou culturais. Assim como por intermédio das respostas específicas, ao mesmo tempo extraordinárias e cotidianas, oferecidas pelos atores ibéricos e hispano-americanos, dos mais diversos grupos sociais e étnicos, diante dos impasses havidos nesse turbulento e fascinante momento histórico.

A própria dissolução da Monarquia hispânica deve ser compreendida a partir do processo mais geral de crise das sociedades de Antigo Regime, cujos desdobramentos foram impulsionados pela chamada "Era das Revoluções" e pelas guerras atlânticas entre os Impérios Espanhol, Inglês e Francês entre o fim do século XVIII e o início do século XIX.

Mais que uma justaposição de uma série de histórias nacionais, as independências devem ser vistas ainda como um movimento articulado entre eventos passados dos dois lados do Atlântico, que resultaram na desagregação de uma então estrutura única: o Império Espanhol. Entendidos nesses termos, esses episódios não estavam inscritos ou foram determinados de modo direto pelas Reformas Bourbônicas ou pelas revoltas *criollas*, indígenas, mestiças ou negras da segunda metade do século XVIII. Nem tampouco foram o ponto-final de um caminho que já estava traçado no início do século XIX, quando Napoleão Bonaparte lançou seus exércitos para a conquista da península ibérica, levando a Monarquia hispânica a uma crise sem precedentes.

As independências foram, na realidade, uma das muitas alternativas possíveis diante dos processos de desagregação das sociedades de Antigo Regime, que começavam, paulatinamente, a provocar a construção de novas formas de sociabilidade e organização coletiva em diversos pontos do Mundo Atlântico. Diante de uma série de acontecimentos em que tudo que era sólido ia se desmanchando no ar, em que as tradições iam deixando de fazer sentido, começou a se abrir, aos atores do período, um horizonte repleto de novas de possibilidades. Nesse sentido, as independências podem ser compreendidas não somente como uma experiência histórica vivenciada pelos agentes dessa época vertiginosa, mas também como resultados de experimentações políticas que foram ganhando espaço diante das incertezas de um mundo em transformação.

No caso específico da América hispânica, as questões foram várias. Como estruturar os territórios depois do rompimento dos vínculos com a Monarquia? Como pensar a soberania em um quadro de esfacelamento dos laços corporativos tradicionais? Como organizar o governo sem a presença do rei (ou mesmo de um rei)? Por meio de assembleias e congressos ou triunviratos e diretores supremos? Mediante o convite a algum príncipe europeu ou nomeando um herdeiro inca como soberano do Novo Mundo? Como ficam as jurisdições criadas no período anterior? Como tratar as relações entre as cidades, as províncias e os novos Estados em construção?

Deveriam ser adotados regimes mais centralizados e unitários ou descentralizados e federais?

Diante de tantas perguntas, ocorreram diversas experimentações políticas, muitas das quais inspiradas em modelos supostamente *antigos*, outras tantas em concepções que se pretendiam *modernas*. No geral, se fizeram como a construção de algo novo sobre os escombros e sobre as muitas permanências do Antigo Regime e da colonização.

As independências não podem ser vistas, nesse sentido, como a culminação de um processo de gestação das nacionalidades, mas como o início de uma nova experiência histórica, marcada por continuidades e rupturas, que foi se constituindo em meio à formação dos Estados e das nações nas Américas ao longo do século XIX. Como sabemos hoje, esse novo momento histórico nasceu envolto em sonhos, utopias e expectativas de um futuro brilhante a ser desempenhado pelos países que então se estabeleciam. Entretanto, na medida em que a realidade das repúblicas independentes ia se impondo, crises econômicas, dissensões políticas e tensões sociais e étnicas começaram a se fazer evidentes. À quimera de um novo mundo, sucederam-se a decepção e o desencanto.

Para muitos que participaram dos movimentos revolucionários na América Latina da primeira metade do século XIX, restou a pergunta: a independência, no fim, valeu a pena?

Epílogo – O difícil aprendizado da República

SANTA MARTA, REPÚBLICA DA COLÔMBIA, 1830

Pouco antes de morrer, provavelmente de tuberculose, em fins de 1830, Simón Bolívar não apresentava o vigor e a verve que caracterizaram sua trajetória política e militar. O *Libertador* deixara o poder em Bogotá, em maio daquele ano, em meio ao processo de fragmentação de um de seus mais alentados projetos: a República da Grã-Colômbia (1819-1831), então formada pelas regiões que haviam pertencido ao Vice-Reinado de Nova Granada (atualmente Colômbia, Venezuela, Equador e Panamá). Abandonado pela maior parte de seus antigos aliados, vendo cair por terra seus principais planos para a América, já sem fortuna, sem autoridade e com alguns poucos e fiéis seguidores, partiu para Cartagena de Índias, de onde seguiria para o exílio na Europa.

Debilitado física e moralmente, nunca chegou ao seu destino, vindo a falecer em Santa Marta no dia 17 de dezembro de 1830.

Às vésperas de sua morte, amargo e sem esperanças, Bolívar deixava explícito seu desencanto com os rumos tomados pelo continente após as lutas por independência. Em uma célebre carta ao general Juan José Flores, datada de 9 de novembro, pouco tempo antes de seu falecimento, afirmou, entre outras coisas, que "quem serve a uma revolução ara no mar".

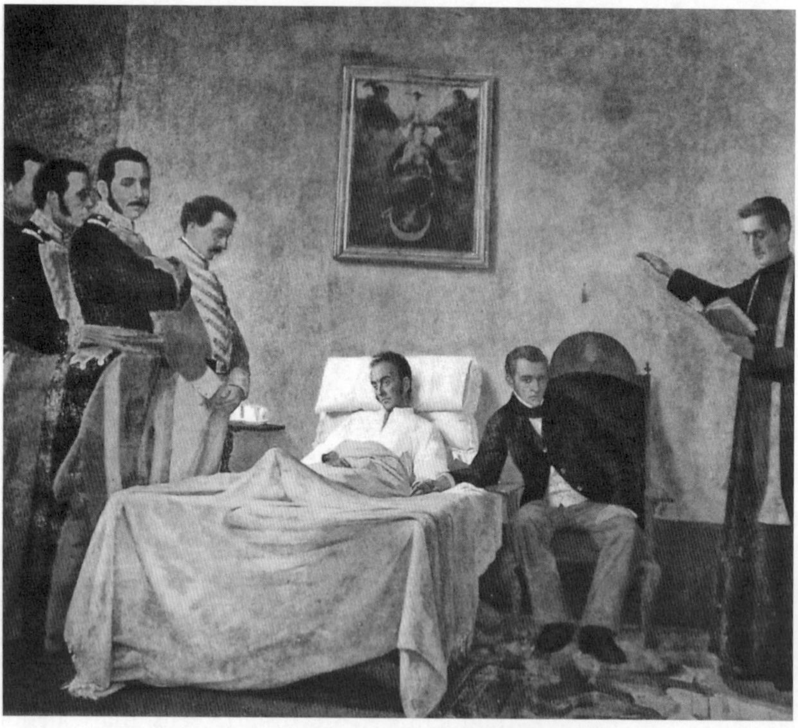

Após uma vida de glórias e poder, Bolívar morreu pobre cercado por um pequeno número de seguidores em Santa Marta, na Colômbia. (*La muerte del Libertador*, Antonio Herrera Toro, 1889, Museu Bolivariano, Caracas, Venezuela)

Impactante por si só, a frase escrita por Bolívar para Flores – militar que àquela altura comandava o processo de emancipação, em relação à Grã-Colômbia, da chamada República do Equador, que incorporaria a partir de então as importantes regiões de Quito e Guayaquil – ganha um ar um tanto trágico quando nos damos conta de que havia saído da pena de um dos principais líderes das revoluções de independência hispano-americanas. A mesma pena que escrevera cerca de 15 anos antes a "Carta da Jamaica" (1815), documento em que se, por um lado, Bolívar destacava as dificuldades e os obstáculos das lutas por emancipação, apontava, por outro, para possíveis caminhos para a revolução e a inevitabilidade da ruptura com a Espanha. Buscando o apoio de uma grande "nação liberal" (no caso, a Inglaterra) que o auxiliaria a alcançar seus objetivos, o *Libertador* proclamava otimista em 1815: "Tão logo sejamos fortes, sob os auspícios de uma nação liberal que nos empreste sua proteção [...], seguiremos a marcha majestosa em direção às grandes prosperidades para as quais a América meridional está destinada".

Apenas uma década e meia se passou entre as demonstrações efusivas de esperança de Simón Bolívar em relação a um futuro promissor para as antigas colônias espanholas e a amarga decepção.

Como mostramos ao longo deste livro, o período histórico em que atuou Bolívar, ou seja, as últimas décadas do século XVIII e as primeiras do XIX, apresentava-se aos contemporâneos como um momento no qual regimes, instituições, visões de mundo e perspectivas sobre o passado, o presente e o futuro pareciam se transformar de modo acelerado. Nesse quadro, em que as aparentemente sólidas estruturas do Antigo Regime e da colonização pareciam se desmanchar no ar, não é de se estranhar que à medida que as experiências do tempo iam rapidamente se modificando, novas expectativas, muitas vezes contraditórias, fossem sendo produzidas pelos atores que participavam desses eventos.

Homem do seu tempo, Bolívar enunciava em seus discursos a própria instabilidade da política de sua época, repleta de ambiguidades, dúvidas e mudanças constantes, repentinas e abruptas. A guinada evidente nas perspectivas do *Libertador*, entre 1815 e 1830, embora marcante e significativa, não era necessariamente uma exceção nesse período caracterizado por sonhos e desilusões.

Durante esses anos em que se assistia à fragmentação da Grã-Colômbia, o México e as Províncias Unidas do Rio da Prata viviam ferrenhas e violentas lutas pela construção do Estado entre tendências centralistas ou unitárias, de um lado, e federalistas, de outro. Nas décadas seguintes, ambas as regiões, para além das dificuldades políticas, militares e diplomáticas que vinham enfrentando para a consolidação de suas fronteiras, teriam de conviver ainda com prolongadas disputas contra dois ameaçadores vizinhos. No caso mexicano, os Estados Unidos, que começavam, paulatinamente, a se expandir em direção oeste, o que custaria ao antigo Vice-Reinado da Nova Espanha a perda, entre as décadas de 1830 e 1840, de cerca de metade de seu território, entre o Texas e a Califórnia. No caso platino, o Império do Brasil, cujos interesses na bacia do Rio da Prata começariam a se resolver apenas na segunda metade do século XIX. Especificamente na região platina, em razão da série de conflitos que, de modo crescente, intensificavam-se entre Buenos Aires e o Rio de Janeiro, ocorreria, entre 1825 e 1828, a Guerra do Brasil, ou, como chamamos em nosso país, Guerra da Cisplatina, cujo resultado seria a formação, na Banda Oriental, da República do Uruguai, cuja fundação contou com o incentivo dos britânicos que temiam algum tipo de bloqueio na navegação e no livre-comércio na região. Para se ter uma ideia do complexo contexto no Rio da Prata por volta desse período, em meio a uma série de tensões envolvendo Buenos Aires e as diversas províncias do interior e dos litorais fluviais platinos, a consolidação do Estado Nacional na Argentina ocorreria apenas na segunda metade do século XIX, após a queda do governador federalista bonaerense Juan Manuel de Rosas, na Batalha de Monte Caseros, em 1852, e, principalmente, após a vitória definitiva dos liberais unitários sobre os federalistas, na Batalha de Pavón, em 1862.

Na América Central, os territórios que haviam pertencido à antiga capitania-geral da Guatemala e que, entre 1821 e 1823, adeririam ao Império Mexicano teriam uma existência efêmera como um único corpo político. Entre 1838 e 1841, a então República Federal Centro-Americana passou por um processo paulatino de desagregação que resultaria na constituição de cinco países independentes: Guatemala, El Salvador, Honduras, Nicarágua e Costa Rica.

Os territórios do Pacífico e dos Andes meridionais, Chile, Peru e as antigas regiões do Alto Peru, chamadas desde 1825 de Bolívia, em homenagem ao *Libertador*, viveriam décadas de turbulência intensa até a consolidação de seus respectivos Estados Nacionais. A República chilena, em função de seu relativo isolamento geográfico, de uma concentração populacional em algumas poucas cidades – como Concepción, Santiago e Valparaíso – e da precoce hegemonia alcançada pelo Partido Conservador, embora tenha vivenciado um período de certa estabilidade a partir da década de 1830, não deixou de enfrentar igualmente, ao longo dos anos, uma série de conflitos com seus vizinhos dos Andes e do Pacífico.

Peru e Bolívia, por um curto período, sob o comando do marechal Andrés Santa Cruz, chegaram a formar um único Estado: a Confederação Peru-Boliviana, que também teria existência efêmera, entre 1836 e 1839.

As tensas relações entre Chile, Peru e Bolívia teriam ainda muitos desdobramentos nas décadas seguintes, culminando, na segunda metade do século XIX, na eclosão da Guerra do Pacífico (1879-1884).

Nem todos os antigos territórios do Império Espanhol tornaram-se independentes nesses anos. As ilhas caribenhas de Cuba e Porto Rico, por exemplo, seguiram vinculadas a Madri até o fim do século XIX, quando, em meio à Guerra Hispano-Americana envolvendo Espanha e Estados Unidos, ocorrida em 1898, promoveu-se a emancipação dessas Antilhas, sob uma forte influência norte-americana.

Muitas são as explicações para que os destinos desses entrepostos caribenhos tenham se mantido entrelaçados aos da Coroa ibérica por ainda muitas décadas: os interesses insulares na continuidade da escravidão, a forte presença militar dos *peninsulares* na região, a constituição de uma classe de plantadores de cana-de-açúcar originários de São Domingos que haviam se refugiado nessas ilhas após a eclosão da Revolução Haitiana, a prosperidade econômica que vinha sendo vivenciada após as Reformas Bourbônicas, entre diversos outros fatores, contribuem para explicar a manutenção, até o fim do século XIX, dos laços de cubanos e porto-riquenhos com o Império Espanhol.

Embora ainda mantivesse seus importantes territórios no Caribe, Fernando VII jamais deixou de acalentar o sonho de recuperar sua antiga Monarquia americana. Não por acaso as independências hispano-americanas só foram reconhecidas pela antiga metrópole apenas após a morte do monarca, falecido em 1833.

Mapa 6 – América hispânica em 1830

Além das dificuldades para o reconhecimento internacional, as novas repúblicas nascidas nas regiões outrora colonizadas pelos espanhóis tiveram suas economias profundamente afetadas pelos muitos anos de guerra. As atividades vinculadas à agricultura, à manufatura e à mineração, durante os conflitos entre *realistas* e *patriotas*, foram completamente desestruturadas. Quando se encerraram as lutas por independência, a produção nesses setores estava estagnada, quando não destruída. Para sobreviver, os novos Estados tiveram que recorrer, na maior parte das vezes, a empréstimos, muitos dos quais estrangeiros, em geral, provenientes da Grã-Bretanha, não apenas para abastecer a fazenda pública, mas também para pagar os funcionários e, principalmente, as tropas que deveriam garantir pelas armas a autonomia dos novos países.

Não bastassem as dificuldades com o erário, desde muito cedo, conflitos sociais e étnicos ganharam destaque. Diante disso, para importantes camadas das elites *criollas* que assumiram o mando dos novos Estados, era fundamental, com vista à promoção da coesão social nesses territórios, a manutenção de práticas corporativas nas esferas religiosa e militar, bem como entre as populações indígenas, herdadas dos tempos da Monarquia hispânica. Para os adversários dessa perspectiva, era essencial que fosse realizada, em contrapartida, uma série de reformas de caráter liberal capazes de romper definitivamente com o passado colonial hispano-americano, destruindo não só as estruturas, mas também as concepções sociais que pudessem remeter, de alguma forma, ao Antigo Regime.

Enquanto, para alguns, se fazia necessária a imposição de regimes centralizados capazes de controlar e ordenar os novos arcabouços institucionais que haviam se constituído naqueles anos, para outros, entendia-se, pelo contrário, que o exercício do poder deveria ocorrer preferencialmente nos âmbitos locais, regionais ou provinciais. Na maior parte das vezes, para as classes populares, os indígenas, os mestiços, os antigos escravizados, bem como para os seus descendentes, tais debates eram o que menos importava diante do quadro de empobrecimento, exploração e insegurança em relação à sua própria sobrevivência que havia se agravado após as guerras de independência. As demandas para esses grupos eram, obviamente, outras.

O que se vê, portanto, é uma trajetória vigorosa, embora plena de contradições, ambiguidades e problemas, perfeitamente adequada a um período de aprendizado político. Algo bem distinto de se dizer que essas novas nações não passavam de supostas cópias malsucedidas de modelos europeus.

Diante das questões que se apresentavam aos atores do período, era preciso imaginar e, muitas vezes, projetar e executar como seriam os novos Estados e as novas nações – suas constituições, suas instituições, suas formas de organização do poder e do governo –, bem como seus planos de recuperação do erário e da fazenda pública.

Nesse período, a república, mesmo que, muitas vezes, como uma contingência, constituiu-se como o regime político por excelência dos territórios hispano-americanos recém-desvinculados da Monarquia ibérica. Não se tratava, no caso dos novos países, de copiar de modo acrítico o modelo da *res publica* romana da Antiguidade, das repúblicas europeias da Idade Média ou do Renascimento, das várias formas republicanas da Revolução Francesa ou mesmo da república federalista dos Estados Unidos. O que estava em jogo, nos Estados recém-estabelecidos, era a construção de repúblicas que atendessem às necessidades políticas, econômicas e sociais dos antigos territórios da América de colonização espanhola.

Como não havia consenso sobre de que república os principais atores do período estavam falando, suas características, seus objetivos, seus significados e suas práticas se tornaram alvos de disputa. Nesse sentido, várias foram as experiências e os experimentos políticos adotados, múltiplas foram as constituições, diversos os sistemas governamentais, administrativos, legislativos, judiciários e tributários testados, apropriando-se, muitas vezes, sim, de autores franceses, ingleses e norte-americanos. Entretanto, frequentemente, de modo original e adaptado às realidades locais.

Ao longo do século XIX, milícias armadas, revoltas, motins e guerras civis foram bastante comuns, como também foram as eleições e as formas entendidas como *modernas* de participação política: associações, movimentos e partidos. Muitas das novas ideias defendidas pelos grupos *modernos* começavam a circular, entre os mais variados setores sociais e nas mais diversas regiões, em periódicos, livros e panfletos, lidos nas casas, nos salões e nas ruas, muitas vezes em voz alta, o que permitia a compreensão pelos muitos analfabetos que viviam nessas regiões.

As elites *criollas* passaram a exercer o poder econômico, político e cultural nas novas nações. Contudo, as camadas populares e os estratos subalternos foram igualmente atuantes, não só como eleitores, como dissemos, mas também em rebeliões e em movimentos armados rurais e urbanos. Nem sempre esses grupos reivindicavam seus direitos como indivíduos, como nas idealizações existentes nas utopias liberais dos mais variados matizes, mas, em diversas oportunidades, atuavam como coletividades ou mesmo corporações. Suas demandas, embora, por vezes, dialogassem com a *modernidade* em formação, recorriam também à defesa de direitos e a costumes *antigos* como forma de conviver e, muitas vezes, enfrentar os violentos processos de modernização capitalista vivenciados pelos novos Estados Nacionais latino-americanos do século XIX.

A despeito das muitas contradições e ambiguidades inerentes ao período das lutas por independência, não se pode negar que as transformações ocorridas nessa época foram fundamentais para a formação dos nossos países latino-americanos, muitas delas com ressonâncias e impactos que perduram até hoje.

Sugestões de leitura

Azevedo, Cecília; Raminelli, Ronald (org.). *História das Américas*: novas perspectivas. Rio de Janeiro: Editora FGV, 2011.

Bethell, Leslie (org.). *História da América Latina*: da Independência a 1870. São Paulo: Edusp; Brasília: Funag, 2001.

Breña, Roberto. *Liberalismo e independencia en la Era de la Revolución*. México: El Colegio de México, 2021.

Chiaramonte, José Carlos. *Cidades, províncias, estados*: origens da nação argentina (1800-1846). São Paulo: Hucitec, 2009.

______; Marichal, Carlos; Granados, Aimer (org.). *Criar a nação*: história dos nomes dos países da América Latina. São Paulo: Hucitec, 2017.

Chust, Manuel (org.). *1808*: la eclosión juntera en el mundo hispano. México: FCE, 2007.

______; Frasquet, Ivana (org.). *La patria no se hizo sola*: las revoluciones de las independencias iberoamericanas. Madrid: Sílex, 2012.

Fernández Sebastián, Javier. *História conceitual no Atlântico ibérico*: linguagens, tempos, revoluções. Rio de Janeiro: PUC-Rio; São Paulo: Hucitec, 2023.

Franco, Stella Maris Scatena. *San Martín*. São Paulo: Memorial da América Latina, 2008.

Fredrigo, Fabiana. *Guerra e escritas:* a correspondência de Simón Bolívar (1799-1830). São Paulo: Fundação Editora Unesp, 2010.

Guerra, François-Xavier. *Modernidad e independencias*: ensayos sobre las revoluciones hispánicas. 3. ed. México: FCE, 2000.

Halperín Donghi, Tulio. *História da América Latina*. Rio de Janeiro: Paz e Terra, 2008.

Olivato, Laís. *A educação nas independências da América*: a circulação do plano de ensino mútuo. Jundiaí: Paco, 2023.

Paltí, Elias José. *O tempo da política*: o século XIX reconsiderado. Belo Horizonte: Autêntica, 2020.

Pamplona, Marco A.; Doyle, Don H. (org.). *Nacionalismo no Novo Mundo*. Rio de Janeiro: Record, 2010.

______; Mader, Maria Elisa (org.). *Revoluções de independência e nacionalismos nas Américas*. São Paulo: Paz e Terra, 2008, 4 v.

Passetti, Gabriel. *Bernardo O'Higgins*. São Paulo: Memorial da América Latina, 2008.

Pimenta, João Paulo. *A independência do Brasil e a experiência hispano-americana (1808-1822)*. São Paulo: Hucitec, 2015.

______. *Tempos e espaços das independências*: a inserção do Brasil no mundo ocidental (1780-1830). São Paulo: Intermeios, 2017.

Pinto, Júlio Pimentel. *Artigas*. São Paulo: Memorial da América Latina, 2008.

Prado, Maria Ligia. *América Latina no século XIX:* tramas, telas e textos. São Paulo: Edusp, 2004.

______; Pellegrino, Gabriela. *História da América Latina*. São Paulo: Contexto, 2014.

Rinke, Stefan. *Las revoluciones en América Latina*: las vías de la independencia, 1760-1830. México: El Colegio de México, 2011.

Rodríguez, Jaime. *La independencia de la América española*. 2. ed. México: Fondo de Cultura Económica, 2010.

Sábato, Hilda. *Repúblicas do Novo Mundo*: o experimento político latino-americano do século XIX. São Paulo: Edusp, 2025.

Soares, Gabriela Pellegrino. *Simón Bolívar*. São Paulo: Memorial da América Latina, 2008.

GRÁFICA PAYM
Tel. [11] 4392-3344
paym@graficapaym.com.br